Siegfried Stephan
Evolutionäres Weltbild und Dialogisches Prinzip

AF211749

Siegfried Stephan

Evolutionäres Weltbild und Dialogisches Prinzip

Der Weg durch die sinnblinde Natur zum
dialogfähigen Menschen

Essay

Bibliografische Information der Deutschen Nationalbibliothek:
Die Deutsche Nationalbibliothek verzeichnet diese Publikation in der
Deutschen Nationalbibliografie; detaillierte bibliografische Daten sind im
Internet über
< http://dnb.d-nb.de > abrufbar.

© 2007 Siegfried Stephan
Herstellung und Verlag: Books on Demand GmbH, Norderstedt
ISBN: 978-3-8334-8177-2

Inhaltsverzeichnis

Vorwort

Seit mir klar geworden war, wie sehr wir Menschen auf unsere dialogische Fähigkeit angewiesen sind, habe ich deren Spuren in der Evolution gesucht. Es ist nicht möglich, das Dialogische unmittelbar aus der biologischen Entwicklung abzuleiten, sondern es handelt sich um eine ganz neuartige Eigenschaft. Sie hat auch ihre eigenen Regeln, ist kaum vom Selektionsprinzip geprägt und gehört zu den Grundlagen allen auf Verständnis und Liebe gerichteten Verhaltens. Nun habe ich es unternommen, den ganzen Weg durch die Naturgeschichte bis zum dialogischen Menschen darzustellen – trotz der komplizierten Fakten und Zusammenhänge. Die kritische Begleitung durch meine Frau Barbara und die hilfreiche Kritik des sehr erfahrenen Professors Dr. Helmut Kraus, denen ich herzlich danke, waren mir dabei unentbehrlich.

Rheinbach, im April 2006 Siegfried Stephan

»Meine Heimat ist ein kleiner, blauer Stern,
all die andern scheinen unerreichbar fern.
Meine Heimat ist ein winziger Planet,
und ich frag´ mich, wie es mit ihm weitergeht.
...
Seine Kinder glauben felsenfest daran,
dass soeben ihre Zukunft erst begann.«

(Rolf Zuckowski, Liedermacher)

1 Einleitung

Ich will also im folgenden Text den Weg zum Menschen für Sie nachzeichnen. Was erwartet Sie dabei? Zunächst der lange Marsch durch die Naturgeschichte. Diese hat immer reichere Strukturen hervorgebracht: erst die unbelebte Welt, aus dieser dann das Leben und schließlich die Menschheit als einen Zweig am Stammbaum der Lebewesen. Insgesamt nennt man das Evolution. Wir werden diese bis hin zu uns Menschen verfolgen, dabei sichere Kenntnisse markieren und uns von unsicheren abgrenzen.

Die Evolution war und ist kein gleichmäßiger Strom mit festgelegtem Verlauf, sondern es sind immer wieder neue, nicht ableitbare Eigenschaften aufgetaucht. Weil auftauchen im Latein ›emergere‹ heißt, bezeichnet man sie als emergente Eigenschaften. Auf diese ist besonders zu achten; denn sie bringen das eigentlich Neue in die Welt. Dabei sind ihnen keine Verstöße gegen Naturgesetze nachzuweisen. Weiterhin teilt sich der Strom der Evolution dann und wann auf, und andererseits gibt es Verknüpfungen zwischen seinen Zweigen.

Spätestens beim Hervorgehen des Menschen tauchen Phänomene auf, die sich nicht mit den Sprachen der Naturwissenschaften beschreiben lassen, aber fest zum Menschen gehören. Es ist vor allem die Fähigkeit zur verständnisvollen Gegenseitigkeit, die ihn über Dumpfheit und Vereinzelung erheben kann – das Dialogische Prinzip. Das kann erst in einem späteren Zusammenhang beschrieben werden, ist aber auch, zusammen mit weiteren Begriffen, im Anhang – im Glossar – kurz gekennzeichnet. Das Auftauchen dieser dialogischen Begabung, sicher einer emergenten Eigenschaft, während der Evolution zu beleuchten, ist meine vorrangige Absicht. Dabei ergibt sich zum Schluss, dass das dialogische Verhalten eine fundamentale Bedeutung für das Schicksal unserer Art hat.

2 Allgemeine Züge der Evolution

Die Naturwissenschaften haben vor allem in den letzten beiden Jahrhunderten ein außerordentlich dynamisches Bild von unserer Welt entworfen, mit Epochen, deren Eigenart berücksichtigt werden muss. Wir suchen aber zunächst nach allgemeinen Zügen der Evolution, einerseits um das Geschehen besser zu verstehen, andererseits aber schon zur Vorbereitung auf das noch ferne Ziel, die Einbindung unserer eigenen dialogischen Fähigkeit in das evolutionäre Weltbild.

2.1 Die Welt hat Geschichte und gewinnt an Ordnung

Nach physikalischen Berechnungen könnte eine prinzipielle Umkehr des Geschehens nur eintreten, wenn das Universum, das sich während der erfahrbaren Zeit kräftig expandiert hat, wieder schrumpfte; und das ist außerhalb der Reichweite unserer Erfahrungen. Auch zeigt sich die Evolution nicht als Weg in eine wachsende Unordnung und Homogenisierung; vielmehr sind bisher immer komplexere Strukturen entstanden.

Zunächst kommt es im Verlauf der allgemeinen Abkühlung durch Zusammenlagerungen zur Entstehung »autonomer« Strukturen, solcher nämlich, zu deren Erhaltung keine weiteren äußeren Einflüsse nötig sind. Diese Prozesse sind umkehrbar. In fortgeschritteneren Entwicklungsphasen treten dann aber auch die komplexeren »dynamischen« Strukturen auf, deren Erhaltung an ständige Energiezufuhr gebunden ist. Diese entstehen durch »dissipative Prozesse« (z.B. Lebensprozesse), die in ihrem Bereich Ordnung schaffen um den Preis einer Auslagerung von Unordnung (messbar als Entropie).

Die uns bekannte Welt zeigt also in dem erschließbaren Zeitrahmen auf mehreren Ebenen Neubildungen, die aufeinander aufbauen – sie hat Geschichte, ist das Ergebnis eines Weges und keiner ständigen Wiederkehr.

2.2 Die Komplexität wächst durch emergente Eigenschaften

Es gibt physikalische Vorgänge, deren Ergebnis nicht determiniert ist, weil sie eine spontane Festlegung ohne Energieaufwand einschließen. Durch derartige Vorgänge tritt schon im jungen Kosmos das Neue, die Zunahme an Information, in die Naturgeschichte ein. Man redet von Evolution, seit bekannt ist, dass sich im Laufe der Zeit Neues gebildet und die Welt komplizierter gemacht hat. Und es wurden zahlreiche Eigenschaften gefunden, die in der Evolution neu aufgetreten sind, so nicht hergeleitet werden können, nicht zwangsläufig gerade so sind, wie sie sind: emergente Eigenschaften. Übrigens bezeichnet LORENZ (1979) ihr Auftreten als Fulguration, um zu betonen, dass da nicht Vorgefertigtes auftaucht, sondern »*dass immer wieder etwas völlig Neues in Existenz tritt, etwas das vorher einfach nicht da war*«.

Insbesondere sind es emergente Eigenschaften, die den Übergang von einfachen zu komplizierten Seinsschichten hervorbringen. Solche neuen Systemeigenschaften ergeben sich z.B. in der Biologie bei der Integration von Systemen, wenn sich vorhandene Wirkungsketten zum Kreis schließen. »*Kybernetik und Systemtheorie haben die plötzliche Entstehung neuer Systemeigenschaften und neuer Funktionen von dem Odium befreit, Wunder zu sein*« (LORENZ 1979). Dabei erwirbt das Systemganze alle, auch die schwachen Eigenschaften seiner Glieder, während die Untersysteme sich spezialisieren und dabei viele ihrer Möglichkeiten verlieren, wie wir das weiter unten am Beispiel der Entstehung der Atmungsorganellen (Mitochondrien) der höher entwickelten Zellen feststellen werden. Emergente Eigenschaften kommen auf unterschiedliche Weise zustande, sozusagen durch verschiedene Evolutionsstrategien; aber sie haben doch auch gemeinsame Züge, von denen wir

14

einige kennen sollten, weil sie uns bei der Suche nach weiteren emergenten Merkmalen helfen können.

Phasenumwandlungen als einfache emergente Eigenschaften

Gemeinsame Züge emergenter Merkmale hat MAYER-KUCKUK (1989) an Beispielen aus Physik und Chemie aufgezeigt, etwa an den Phasen-Umwandlungen.

> Wenn Flüssigkeiten Wärme verlieren, werden sie fest, und das ist ein Übergang von der flüssigen in die feste Phase. Die bewegliche Eisenschmelze beim Anstich des Hochofens wird zu einem Festkörper, der nur noch mit viel Energie verformt werden kann. Mit der Verfestigung tritt eine Versteifung der zufälligen momentanen Form ein. Die etwa von einem Gefäß übernommene, ziemlich beständige Gestalt ist nun eine Eigenschaft des Eisens, für die es vorher keine Möglichkeit gab. Diesem äußeren Aspekt entspricht im Inneren die Bildung von Kristallen, die Atome nehmen eine feste Lage zu einander in regelmäßigen Gittern ein. Damit haben wir eine emergente Eigenschaft, und es ist O r d n u n g entstanden. Eine S t e i f i g k e i t oder eine entsprechende Eigenschaft tritt ähnlich auch bei anderen emergenten Eigenschaften auf. Wohl handelt es sich um vergängliche Neuerwerbungen, der Kristall kann schmelzen, erreichte Stufen sind immer in Gefahr, verloren zu gehen.

Aber solche Umwandlungen sind alltägliches, reversibles Geschehen. Haben sie überhaupt etwas mit der Evolution zu tun? Ja, denn erst mussten bei der Ausdehnung des Kosmos Gebiete mit hinreichend niedrigen Temperaturen auftreten, ehe sich dort durch Phasenumwandlung feste Körper bilden konnten. Hätte man das beobachten können, so wäre das Erstaunen über das Auftauchen dieser formfesten Gegenstände groß gewesen.

Symmetriebrechung

Symmetrisch sind Objekte, die so aufgebaut sind, dass sie durch zahlreiche Bewegungen, wie Drehungen, Spiegelungen und Verschiebungen, in sich selber überführt werden, ihre Gestalt also dadurch nicht ändern. Nicht nur die Form, sondern auch das Verhalten von Objekten kann unter bestimmten »Symmetrie-Operationen« in sich selber übergehen. Wir alle kennen z.B. folgende Operationen, die allein die Form betreffen: Verschiebung nach bestimmten Richtungen, Spiegelung an bestimmten Achsen, Drehung mit bestimmten Winkeln um bestimmte Achsen. Daraus lässt sich auch ein Maß für die Symmetrie ableiten, wobei ein hoher Symmetriegrad bedeutet: Die Objekte sind invariant unter vielen Symmetrieoperationen.

Die höchste Symmetrie zeigt die Kugel, die man beliebig drehen und an allen möglichen durch den Mittelpunkt führenden Achsen spiegeln kann, ohne dass man das sieht. Das ändert sich, wenn man die Kugel in eine Richtung dehnt, so dass sie eiförmig wird. Dann kann man sie insbesondere nur noch um ihre Längsachse beliebig drehen, sie erlaubt also nicht mehr so viele Symmetrie-Operationen, ihre Symmetrie ist geringer. Die Symmetrie bezüglich physikalischer Eigenschaften kann an einem braunen Kunststoff-Zylinder gezeigt werden. Wenn er gleichmäßig gefärbt ist, geht er in sich selber über, wenn man ihn um 180° um irgend eine Achse dreht, die waagerecht durch seinen Äquator läuft. Färbt man seine Bodenplatte weiß, dann geht das nicht mehr unbemerkt, denn erst ist er unten weiß, und nach der Drehung oben. Vor der Färbung war also neben seiner Gestalt auch seine Farbe invariant unter dieser Drehung, danach aber nicht mehr: Eine Symmetrie-Eigenschaft ist verloren gegangen, und sein Anblick ist komplizierter geworden.

Im primitivsten errechenbaren Zustand muss die Welt als ganze von fast vollkommener Symmetrie gewesen sein, sehr einheitlich und undifferenziert, ein äußerst langweiliger Ort. Die großen Naturgesetze sind unabhängig von Ort und Zeit geblieben, sie vertragen alle Verschiebungen, allerdings keine Spiegelung. Auch zu jedem abgeleiteten Naturgesetz gehören bestimmte Invarianzen, und diese äußern sich als Symmetrie. Wenn sich nun die Komplexität vergrößert, weil etwa die Zahl der unterschiedlichen Bestandteile zunimmt (schließlich sind aus Elektronen, Protonen und Neutronen die unterschiedlichen Atome der über 100 chemischen Elemente entstanden), dann werden auch die Symmetrieverhältnisse unübersehbar kompliziert. Der Symmetriegrad aber nimmt im allgemeinen ab, wenn die Struktur komplizierter wird.

Die kritischen Augenblicke, an denen neue Eigenschaften emergieren, sind immer mit dem Verschwinden von Invarianzen und den zugehörigen Symmetrieeigenschaften verbunden, da wird »Symmetrie gebrochen« und spontan einer der symmetrieärmeren Zustände realisiert. Die Gesamtheit der möglichen Zustände zeigt die alte Symmetrie, und der Wechsel zu einem anderen der gleichberechtigten Zustände geschieht ohne Energieaufwand (MAYER-KUCKUK 1989). Die Evolution kann geradezu als eine Folge von S y m m e t r i e - B r e c h u n g e n beschrieben werden.

Das Emergieren neuartiger Eigenschaften und der Zugriff der Umwelt

Die Augenblicke, an denen Symmetrie gebrochen wird und emergente Eigenschaften hervortreten, sind zugleich die natürlichen Zugriffspunkte von Randbedingungen. Bei der erstarrenden Eisenschmelze bestimmt die zufällige oder beabsichtigte Form ihrer Unterlage die steif festgelegte Gestalt des festen Eisens. Solche Randbedingungen wirken bei den neu auftretenden Eigenschaften selbstverständlich jedes Mal. Immer ist die Ausprägung der emergenten Eigenschaften von Gegebenheiten der Umgebung im Augenblick ihres Entstehens mitbestimmt.

Kehren wir doch zurück zu unserem Beispiel: Bei der weiteren Abkühlung magnetisierbarer Stoffe wie Eisen wird ein weiterer charakteristischer Punkt erreicht, die Curie-Temperatur. Bei dieser werden sie magnetisch. Während die Stärke der Magnetisierung graduell steigt, wird am Curie-Punkt spontan und abrupt eine Magnetisierungsrichtung festgelegt. Nur wird zunächst das Durchsetzen dieser Ordnung durch die Unordnung schaffende Wärmebewegung behindert. Den jeweiligen Grad erreichter Ordnung nennen die Physiker Ordnungsparameter. Er läuft von Null (ganz ungeordnet) bis 1 (perfekt geordnet), und seine Existenz ist ebenfalls für emergente Eigenschaften typisch.

Der Physiker hat mit dieser Feststellung seine Arbeit getan. Geowissenschaftler nutzen aber gerade diese Magnetisierungsrichtung in einer Weise aus, die kosmologisch interessant ist: Man hat herausgefunden, dass nicht wenige Gesteine schwach magnetisiert sind. Die Richtung der Magnetfelder ist aber keineswegs zufällig, sondern zeigt bei Magnetit und anderen »ferromagnetischen« Mineralen die Richtung des Magnetfeldes der Erde bei Erreichen der Curie-Temperatur an. Damit hat man ein großartiges Instrument, um Vorgänge der Erdgeschichte zu erkunden – die Plattentektonik wurde vorwiegend hiermit bewiesen.

Solche Zusammenhänge mit der Umgebung werden von der experimentellen Wissenschaft meist nicht gesucht, sondern für das Experiment bewusst ausgeschaltet. Mit diesem Nachteil wird die große Bereicherung des Wissens durch die Herstellung künstlicher, vereinfachter und dadurch messbarer Bedingungen erkauft. Wenn irgend möglich, wird beim Experimentieren die Umgebung bezüglich der möglichen Einflüsse isotrop gestaltet, so also, dass alle Richtungen des Raumes gleichwertig sind. Manche Experimente werden aus diesem Grunde sogar bei Schwerelosigkeit im Weltraum durchgeführt. Dann ist die konkrete Ausgestaltung des Phasenübergangs wirklich zufällig. In der Natur aber sind die emergenten Eigenschaften nicht dermaßen vom Zufall bestimmt, da im sensiblen Moment die Gegebenheiten der Umgebung (im ersten Beispiel die Form, im zweiten Beispiel das äußere Magnetfeld) bestimmend wirken. Wir können das allgemein als ihren unmittelbaren evolutionären Kontext bezeichnen; und der ist letzten Endes mit dem gesamten Kosmos verbunden. Dies ist der Alltag der Evolution – und nicht das Experiment. Hier stoßen wir auf eine Bestimmung der konkreten Evolution aus dem Ganzen heraus, ein kosmologisch wichtiger Befund.

Es handelt sich allerdings nicht um die deutbare Spur eines einheitlichen Entwicklungsplanes, das hier wirkende »Ganze« erweist sich nämlich als heterogen: Kräfte, Felder aus der Umgebung machen sich bemerkbar, haben ihre Reichweiten, manche klingen bald ab, andere zeigen Fernwirkung, es gibt Abschirmungen und Beeinflussungen und an jedem Ort eine wirksame Summe, die im Beispiel als Größe, als Richtung und natürlich als ein Zeitpunkt (Magnetisierungsalter) erscheint. Es gibt also eine Wirkung aus dem Ganzen heraus, aber das Ganze wirkt dabei nicht als Einheit. Wohl sieht man die Empfänglichkeit des Neubeginns für Einwirkungen und eine prinzipielle Offenheit auch für lenkende Einwirkungen.

Autonome und dynamische Strukturen

Das Ergebnis von Phasenübergängen sind »autonome« Strukturen. In den höheren Seinsschichten tritt die Bildung »dynamischer« Strukturen hinzu, die in den Ausgleichsstrom eines Energiegefälles eingefügt sind. MAYER-KUCKUK (1989) schreibt zusammenfassend: In der Natur »*bilden sich hierarchisch geordnete Ebenen mit steigender Ordnung und mit jeweils eigenen emergenten Eigenschaften. Die ursprüngliche Symmetrie der Kräfte wird dabei zunehmend gebrochen, und die relativ einfachen Gesetzmäßigkeiten auf der einen Ebene führen zu äußerst komplexen Erscheinungen auf der nächsthöheren, die durch kooperatives Zusammenwirken seiner Teile entstehen.*« Er belegt, dass die Seinsebenen auch einen je eigenen Informationsbestand haben, der nicht weiter gereicht wird. Dadurch werden im Komplexen gewisse Grundgesetze unkenntlich, während andererseits die Eigengesetze höherer Ebenen in tieferen Ebenen einfach aus Mangel an entsprechenden Strukturen nicht vorkommen.

Wir können damit also gewisse Grundzüge der Evolution festhalten: Unsere Welt hat Geschichte, gewinnt an Information und kann daher nicht voll determiniert sein. Sie ist durch emergente Eigenschaften mit Symmetrieverlust und Ordnungsgewinn bestimmt, deren Ausgestaltung unter Mitwirkung der Umgebung geschieht.

2.3 Die Evolution hat eine Hierarchie von Seinsschichten erzeugt

Bei der Evolution haben sich entscheidende emergente Eigenschaften akkumuliert, es sind immer komplexere Strukturen entstanden, und schließlich nehmen wir so fundamentale Neuerungen wahr, dass wir von einer neuen Seinsschicht sprechen. So hat die Evolution, vom heißen und ziemlich homogenen Zustand des jungen Kosmos ausgehend, nacheinander die Schichten oder Reiche des Seienden hervorgebracht, die von Alters her beschrieben werden: das Mineralische, das Biologische und das Menschliche. Innerhalb dieser Schichten gibt es weitere wichtige Unterteilungen.

Was am Übergang zu einer höheren Schicht geschieht, kann mit wenigen Beispielen erläutert werden. Schon im Bereich der großen Moleküle, also innerhalb der Chemie, ist eine Entwicklung durch Mutation und Auslese möglich, die dann in der Biologie eine beherrschende Rolle spielt. Schon im Tierreich beginnt es hier und da »zu menscheln«. Die emergenten Eigenschaften machen die Welt anders, und irgendwann ist schließlich eine Schichtgrenze erreicht. Dann hat man tatsächlich das Gefühl, in einer anderen Welt angekommen zu sein, in der ein ganz neues Spiel aufgeführt wird.

Daher reicht unser Blick nicht weit, wenn wir neugierig fragen, w a s   v o n   d e r   Z u k u n f t   z u   e r w a r t e n   s e i. Wir können aus bisher Erfahrenem höchstens folgern, dass wohl weitere Eigenschaften emergieren werden: dass sich nämlich unvorhersehbare Strukturen mit unvermuteten Funktionen einstellen. Wir vermuten außerdem, dass bereits hervorgetretene neue Eigenschaften zur Vorherrschaft kommen und können uns vorstellen, wie die Welt dann beschaffen sein wird - eine vielleicht etwas ärmlich ausgestattete Vision; aber mehr ist der Wissenschaft wohl nicht möglich.

Die bisherigen Feststellungen erlauben uns immerhin gewisse Prüfungen, wenn uns Weltdeutungen angeboten werden. Da die Evolution als eine Akkumulation neuer, nicht ableitbarer Eigenschaften mit Überprägung der älteren aufgefasst werden kann, sind zwar weiterhin auch die jeweils überformten Stufen zur Erklärung notwendig, aber sie sind keinesfalls hinreichend. Wenn sich andererseits, und das schon in der Physik, Eigenschaften der überwundenen Stufen verstecken können, indem der Informationsbestand nicht vollständig weiter gereicht wird, dann ist auch keine Erklärung von oben nach unten möglich. Darauf wurde oft hingewiesen, so von LORENZ (1979): Er sieht es als eine Anmaßung an, wenn Mechanizismus, Biologismus, Psychologismus und andere Ismen behaupten, »*die für höhere Schichten kennzeichnenden und ihnen allein eigenen Vorgänge und Gesetzmäßigkeiten mit den Geschehenskategorien der tieferen zu erfassen, was einfach nicht geht. Ebenso ist es eine Vergewaltigung vorgefundener Phänomene, wenn man die illegitime Grenzüberschreitung in der umgekehrten Richtung begeht.*«

LORENZ (1979, 56 ff.) macht auf die Seinskategorien NICOLAI HARTMANNs und damit auf den beobachteten Schichtenbau des realen Seins – das Anorganische, das Organische, das Seelische und das Geistige – aufmerksam und zitiert folgendermaßen: »*Von Schicht zu Schicht, über jeden Einschnitt hinweg, finden wir dasselbe Verhältnis des Aufruhens, der Bedingtheit ›von unten‹ her, und doch zugleich der Selbständigkeit des Aufruhens in seiner Eigengeformtheit und Eigengesetzlichkeit. Dieses Verhältnis ist die eigentliche Einheit der realen Welt.*« »*Sie hat die Einheit eines Systems, aber das System ist ein Schichtensystem.*« Und dieses Prinzip setzt sich Fraktalartig fort: »*Die höheren Gebilde, aus denen die Welt besteht, sind ähnlich geschichtet wie die Welt.*« Natürlich fällt es LORENZ schwer, »*HARTMANNSCHe Gedankengänge wiederzugeben, ohne evolutionistische Interpretationen in seine Schichtenlehre einzuschmuggeln*« (LORENZ a.a.O.); denn die Rolle der emergenten Eigenschaften bei der Evolution ist evident.

Auch die menschliche Stufe setzt auf den vorherigen auf und schließt Elemente dieser Stufen ein. Wir verstehen sie einerseits am besten aus der Naturgeschichte heraus, können aber andererseits nicht erwarten, dass sich die besonderen menschlichen Eigenschaften vollständig aus der schon vorhandenen Natur ableiten lassen.

Wenn die Welt das Ergebnis einer Evolution ist, so hat es doch keineswegs einen gleichzeitigen, gemeinsamen Aufstieg gegeben. Vielmehr ist immer sehr viel auf dem alten Stand geblieben, und in dieser alten Welt und als ihr Bestandteil hat sich Neues entwickelt. Für die Architektur der Welt bedeutet dieses Nebeneinander Reichtum, denn es ist zugleich ein Miteinander, und der ontologische und evolutionsbedingte Schichtenbau der Welt macht, dass die quer zur Schichtung verknüpften Strukturen sowohl von den Beziehungen innerhalb der Seinsschichten, als auch von denen zwischen den Schichten geprägt sind. Evolution heißt nicht nur, dass neue Schichten auf älteren aufbauen und diese dabei überformen, sondern eben auch, dass mit den Strukturen verschiedener Schichten deren Gesetzmäßigkeiten gleichzeitig wirksam sind.

2.4 Die Frage nach der Vielfalt

Von den Regeln des Aufbaus der Welt und des Verhaltens der verschiedenen Dinge, wie sie das Denken aus der Welt selbst extrahiert hat, führt anscheinend kein Weg zurück zur Vielfalt der Erscheinungen. Nehmen wir eine knorrige, mit Stacheln bewehrte Steppenpflanze zum Beispiel: Wir verstehen ihre besondere Ausrüstung gut, mit der sie ihr Leben in der schwierigen Umgebung fristen und ihre Art eventuell sogar ausbreiten kann. Wäre da nur nicht die Pflanze neben ihr, die alles ganz anders macht, die meiste Zeit im Stadium der Samenruhe ausharrt und nach jedem Regen in kürzester Zeit keimt, wächst, gleichzeitig mit zahlreichen Artgenossen blüht und rechtzeitig vor der Austrocknung ihres Wurzelbodens Samen hervorbringt – alles genau so sinnvoll und verständlich wie bei der anderen. Oder denken wir an die unterschiedlichen Augen-Konstruktionen bei den Tieren. Also: Wie entsteht die bunte Vielfalt der Natur?

Die Vielfalt ergibt sich aus dem Geschehen im Einzelnen. Das Geheimnis lässt sich nicht vom Konkreten trennen, und das Konkrete, mit seinem Ort und mit seinem Zeitpunkt verbunden, schreitet von Situation zu Situation fort und ist unwiederholbar.

Da aber jeder Schritt der Evolution eines Phänomens (und das gilt nicht exklusiv nur für Lebewesen) von der Situation an diesem Ort zu dieser bestimmten Zeit bestimmt ist, schreitet eben auch die Evolution selber von Detail zu Detail fort, spielt sich im Konkreten ab und bringt so die Geschichte dieser unvorhersagbaren, bunten Welt hervor, der sich unser Verständnis nur annähern kann, ohne sie genau zu rekonstruieren. Das gilt selbst dann, wenn wir nur eine in sich geschlossene Welt annehmen. Die Erfahrung scheint zu lehren, dass das Geschehen an und zwischen den Einzelwesen mitentscheidend am großen Werden und damit am Wandel des Ganzen beteiligt sind.

Dennoch ist die Natur als Ganzes und sind die meisten ihrer Teile bis auf den Menschen, so weit festgestellt werden kann, gegenüber dem Schicksal des Einzelwesens gänzlich blind. Und auch beim Menschen kann das Mitgefühl komplett unter Hemmung gesetzt sein, z.B. durch eine »Gehirnwäsche« (so bei Terroristen und Kindersoldaten).

Diese Tatsachen, die eigentlich immer zu berücksichtigen wären, können nicht immer wieder angesprochen werden, sollten uns aber im Gedächtnis bleiben.

Damit sind wir unversehens in das Spannungsfeld zwischen Einzelnem und Ganzem geraten, das die Philosophie von Anfang an beschäftigt hat. Der Autor aber muss sich hier der Gefahr entziehen, seine Kompetenz zu überschreiten.

3 Naturgeschichte: Differenzierung der Welt, Emergenz neuer Eigenschaften

Wir vertrauen uns nun den Ergebnissen der Naturwissenschaften an, auch wenn wir dabei mit Entdeckungen konfrontiert werden, die nicht besonders gut zu unserem Weltbild passen. Denn je weiter wir das Schicksal der Natur zurückverfolgen, desto mehr lässt uns unsere korrigierende Lebenserfahrung und unser ererbtes Wissen im Stich. Wir wagen es trotzdem, ein so unfertiges Bild abzugeben, indem wir zwar von einem rätselhaften Anfang ausgehen, aber dann unserem eigenen Erfahrungshorizont Schritt für Schritt näher kommen und »Boden unter die Füße bekommen« werden. Der Lohn kann zwar keine festgeschriebene Weltgeschichte sein, aber ein Gespür für die Bedingungen, unter denen wir selber stehen, und die als gewordene aus ihrem Werden heraus zu verstehen sind.

Auf den nächsten Seiten also versuchen wir, die Weltgeschichte von ihren ältesten Spuren an kennen zu lernen; und da wir mit Bedingungen rechnen müssen, unter denen kein Leben möglich war und zunächst sogar die Atome und Moleküle, also die Objekte der Chemie, im großen Baukasten der Wirklichkeit noch gefehlt haben, haben wir es anfangs nur mit den Objekten und Regeln der Physik zu tun.

3.1 Am Anfang war alles »Physik«

Einige hilfreiche Ergebnisse aus dem letzten Jahrhundert

Für die klassische Physik waren Zeit und Raum unabhängige Gegebenheiten des Denkens, die im ganzen Universum exakt so sind, wie unter alltäglichen Bedingungen. Das hat sich als falsch erwiesen. Relativitätstheorie, Quantenphysik und die daran anschließenden Entdeckungen haben diese Idylle zerstört. Wenn wir uns also der Evolution des Weltalls zuwenden und uns gedanklich Jahrmilliarden weit in Räume wagen, von denen her das Licht mindestens ebenso viele Jahre zu uns unterwegs war, dann möchten wir wissen, wie es denn nun um Raum und Zeit bestellt ist, und welche der Erkenntnisse aus dem letzten Jahrhundert noch zu berücksichtigen sind.

– Raum, Zeit, Raumzeit

EINSTEIN hat in der Speziellen Relativitätstheorie gezeigt, dass in zwei Systemen, wenn sie sich fast mit Lichtgeschwindigkeit gegeneinander bewegen, Zeitverkürzung und Längendehnung zu bemerken sind. Gibt es also kein gemeinsames Zeit- und Raummaß für das Weltall, in dem viele Teilchen mit enormer Geschwindigkeit unterwegs sind? Nur, wenn Raum und Zeit gemeinsam betrachtet werden, als Raumzeit. Die Quantentheorie zeigt außerdem, dass die Raumzeit nicht kontinuierlich, sondern in winzigen Portionen vorkommt. Sie ist gequantelt, es gibt Elementarteilchen der Raumzeit.

– Die kosmische Hintergrundstrahlung zeigt: die Evolution hat Neues gebracht.

Quantenphänomene beschreiben zwar winzigste Dimensionen, haben aber kosmische Auswirkungen. Man hat eine kosmische Hintergrundstrahlung gefunden, die von allen Seiten kommt, sehr energiearm ist und sehr geringe Schwankungen zeigt. Diese allgegenwärtige Energie kann wohl nur von der heißen Phase der kosmischen Evolution übrig geblieben sein und sich bei der kosmischen Ausdehnung heruntergekühlt haben. Nach HOGAN (2002) handelt es sich um urtümliche Quanten, deren Fluktuationen später ganze Weltbereiche mit ihren Galaxien hervorgebracht haben sollen. Demnach wäre die Differenzierung des jungen Kosmos nur ganz gering gewesen. HOGAN (2002) beendet seinen Artikel so: »*Alle Indizien sprechen dafür, dass das Universum zu Beginn kaum Information enthielt und alle komplexen Strukturen sich seitdem von selbst – ohne äußere Einflüsse – entwickelt haben. Wenn das zutrifft, werden uns der Anfang der Zeit und seine detaillierte Struktur wenig dabei helfen, all die interessanten Dinge zu verstehen, die seitdem im Universum geschehen sind.*« Solche Befunde nehmen uns jede Illusion bezüglich einer ursprünglichen internen Festlegung für die darauf aufbauende Evolution. Wieder einmal müssen wir erkennen, dass die Evolution eine Bereicherung des Informationsgehaltes bringt und nicht lückenlos vom Ausgangsstatus vorherbestimmt sein kann. Damit deutet sich schon in den Anfängen der physikalischen Evolution (als chemische, biologische und weitere Evolutionen noch gar nicht möglich waren) an, dass die Strukturen des Kosmos im Laufe seiner Evolution auf u n v o r h e r s e h b a r e Weise komplizierter werden.

– Masse, Energie und die Rolle der Lichtgeschwindigkeit
Nach EINSTEIN können sich Energie und Masse ineinander umwandeln, und die Energie gleicht der Masse mal dem Quadrat der Lichtgeschwindigkeit ($E = m\,c^2$). Da kann sich also sehr viel Energie in sehr wenig Masse umwandeln – und umgekehrt.

Weiterhin steht die Lichtgeschwindigkeit nicht für Änderungen zur Verfügung, und sie kann auch nicht übertroffen werden (es sei denn als Folge der kosmischen Expansion), und dadurch ist auch die Transportgeschwindigkeit von Informationen begrenzt.

– Die Unschärfe-Relation begrenzt nur das Messen und Erkennen
Zeitweise wurde sogar vermutet, dass die Ergebnisse quantenmechanischer Untersuchungen die Eindeutigkeit des Geschehens überhaupt ad absurdum führen würden: Man stieß auf gesetzmäßige Unschärfen, die mathematisch exakt durch die sogenannte Unschärfe-Relation bestimmt sind. Die Unschärfe-Beziehung belastet jedoch nur das Beobachten, ohne dem physikalischen Geschehen selbst seinen strengen Charakter zu nehmen.

MAX BORN hatte bereits 1928 zwei verschiedene Aspekte der Welt genannt. Da ist einmal die Determination durch die strengen Regeln besonders der SCHRÖDINGER- oder DIRAC-Gleichung, die keine Unbestimmtheit belassen. Zum anderen aber enthalten die Lösungen dieser Gleichungen Quadratwurzeln negativer Zahlen, und daran sieht man, dass sie so nicht beobachtet, nicht von

Messgeräten erfasst werden können. »*Die beobachtete Unbestimmt-heit entsteht erst, wenn wir diese innerlich determinierten Dinge von außen zu betrachten versuchen*« (PESIC 2003, 62). Hat doch Einstein richtig vermutet, dass der Schöpfer nicht würfelt? Nur die Beobachter müssen sich mit Statistik begnügen.

Evolution im jungen Kosmos

Die älteste Phase unserer Welt, über die berichtet wird, gibt sich rein physikalisch. Die kalkulierbare Kosmologie beginnt mit der Planck-Zeit, für die man ein 10^{32} °C heißes und 10^{89} g/l dichtes Universum annimmt. Berechnungen weisen noch 10^{-43} Sekunden weiter zurück zu einem »Urknall«. Man hätte dann als mathematisch eleganteste Lösung des Anfangsproblems eine Singularität, einen dimensionslosen, zu allem bereiten Punkt, die reine Potenz sozusagen. Diese Singularität ist aber wohl nicht erreichbar, denn wie alle Quanten können auch die der Raum-Zeit keine beliebig kleinen Werte annehmen.

> Dass uns die physikalischen Gesetze, so weit wir sie heute kennen, von den Beobachtungen ausgehend zu einer winzigen Anfangswelt mit hoch komprimierter Energie, verschwindender Körperlichkeit und schließlich zu einer fürchterlichen Explosion zurück führen, ist schwer zu akzeptieren. Wir können dieses Urknall-Modell ablehnen und dies insbesondere mit Zweifeln an der Deutung der astronomischen Beobachtungen begründen. Aber wir treffen jedenfalls »wenig später« auf plausiblere Zustände und gelangen dann Schritt für Schritt in unsere Welt. Also sei es gestattet, diese fiktive Reise bei allem Vorbehalt mit dem Urknall zu beginnen.

Die unserer Vorstellung zugängliche jugendliche Welt stellt man sich schwach differenziert, heiß, kompakt und in schneller Ausdehnung begriffen vor. In ihr waren vor über 10 Milliarden Jahren gerade eben die bekannten Gesetze der Physik anwendbar (LEDERMAN und SCHRAMM 1990). Innerhalb eines Jahres sind damals

alle Voraussetzungen zur Bildung von Sternen und Galaxien aufgetaucht: Energie und Materie trennten sich weitgehend, die Bestandteile der Atomkerne sind entstanden und daraus dann die
leichten Atomkerne insbesondere des Heliums. Dann begannen
die Atomkerne, sich mit den bisher frei umherfliegenden Elektronen zu Atomen zu vereinigen, die ersten Sterne sind entstanden
und vergangen, und in ihnen haben sich die schwereren Atomkerne gebildet. Das war eine Zeit explodierender Emergenz neuartiger Eigenschaften.

Schaut man mit den immer besseren Instrumenten immer weiter in den Weltraum hinaus, dann erblickt man immer ältere Wirk-
lichkeiten. So ist der Blick in den Weltraum zugleich ein Blick in
die Geschichte des Alls, während einigermaßen Modernes nur im
Nahbereich zu sehen ist. Fernste Bilder, die uns so erreichen, repräsentieren schon wirklich frühe Zeiten. Sie zeigen, dass sich die ersten Sterne etwa 200 Millionen Jahre nach dem Urknall zu bilden
begannen. Welches sind die ersten schwereren Elemente, deren
Kerne sich in den Sternen durch Atomkern-Reaktionen gebildet
haben? Für 0,85 Milliarden Jahre nach dem Urknall wurden Kohlenstoff und Sauerstoff nachgewiesen sowie Silizium wahrscheinlich gemacht. Etwa eine Milliarde Jahre nach dem Urknall zeigen
sich auch Magnesium und etwas Eisen, und etwa 1,7 Milliarden
Jahre nach dem Urknall gab es 25 schwere Elemente, über Eisen
bis zum Blei, und zwar mit einer Häufigkeits-Verteilung, die der in
unserem Sonnensystem sehr ähnlich ist (WOLSCHIN 2003). Im
gleichen Aufsatz erfahren wir, dass 1,6 Milliarden Jahre nach dem
Urknall als erste chemische Verbindung CO aus Kohlenstoff und
Sauerstoff in kosmischem Staub auftaucht. Spektralanalysen zeig-
ten, dass es die gleichen Stoffe sind, die Erde, Planeten und Sterne
aufbauen. (Wir unterscheiden hier zwischen Planeten und Sternen und verwenden daher den Begriff »Fixsterne« nicht). Diese
unvermutete Einheitlichkeit der Materie, die durch Meteore und
neuerdings beim Besuch naher Himmelskörper ganz handfest bestätigt wurde, ermöglicht eine einheitliche Naturwissenschaft und
weist auf die gemeinsame Evolution hin, von der hier die Rede ist.
Sie trennt uns endgültig von den aus der Antike überkommenen
Vorstellungen, die für die Sterne eine ganz besondere, himmlische
Materie als fünftes Element annahmen. Dass andererseits verwir-

rende neue Naturdinge wie Positronen, Neutrinos oder Quarks und Gluonen und sogar Antimaterie, insgesamt ein ganzer »Teilchenzoo«, beschrieben wurden, stört das Bild kaum, weil nur wenige und vertraute Teilchen bei der Ausstattung möglicher Lebensräume eine Rolle spielen – die meisten anderen existieren unter außerordentlich energiereichen Bedingungen und werden auf der relativ kalten Erde nur in Experimenten mit Teilchenbeschleunigern für kurze Momente hervorgebracht. Die Entstehung der unterschiedlichen Atomkerne ist ein großer Schritt der kosmischen Evolution, der mit dem Auftauchen von neuartigen Eigenschaften und Gesetzmäßigkeiten einhergeht.

Die Bestandteile der Atomkerne sind Protonen und Neutronen. Die Protonen haben eine positive elektrische Ladung. Einzeln kommen sie als Kerne der Wasserstoff-Atome vor und auch als Einzelgänger. Die Neutronen sind ungeladen und etwa gleich schwer wie die Protonen und sie bewahren die Atomkerne davor, dass sie durch die elektrische Abstoßung der Protonen zerstört werden. Beide bestehen aus je 3 Elementarteilchen (»Quarks«). Ihre Bildung und die der kleinen Atomkerne von Helium und Lithium ist eine direkte Folge der Abkühlung des Weltalls. Aber komplexere Atomkerne können sich nur bilden, wenn die dazu notwendigen kleinen Atomkerne und Kernteilchen einander ganz nahe kommen, und das geschieht nur in Sternen. Die Zahl der Protonen in einem Atomkern bestimmt seine elektrische Ladung, damit auch die Zahl der Elektronen und die chemischen Eigenschaften. Sie entscheidet darüber, um welches chemische Element es sich handelt.

Die Schritte von den Quarks zu Protonen und Neutronen, von diesen zu den Atomkernen der über 100 verschiedenen Elemente und von Atomkernen und Elektronen zu den Atomen führen vom Einfachen zum Komplizierten, vom Einförmigen zum Vielfältigen und legen den Grund für die »Erfindung« der unübersehbar zahlreichen chemischen Verbindungen und schließlich zu den Lebewesen.

3.2 Der Schritt zur Chemie

Nun war die Verbindung verschiedener Atome zu neuen Gebilden, den sogenannten Molekülen, möglich und damit die Verbindung der chemischen Elemente zu den zusammengesetzten Stoffen. Und das ist Chemie. Und die chemischen Verbindungen haben neue Eigenschaften und ein Verhalten, das man ihren Bestandteilen nicht ansehen kann.

Tatsächlich konnten die Atome erst in der kühlen Umgebung des kosmischen Staubes und kleinerer Himmelskörper wie der Erde zu Verbindungen zusammentreten. Dass 1,6 Milliarden Jahre nach dem Urknall als eine der ersten chemischen Verbindungen Kohlenmonoxid (CO, aus Kohlenstoff und Sauerstoff zusammengesetzt) in kosmischem Staub auftaucht, erfuhren wir bereits. Auch andere einfache Molekülarten, die gleichwohl zum Aufbau der viel später auftauchenden Lebewesen wichtig waren, findet man schon früh im kosmischen Staub, z.B. Wasser, Ammoniak und Cyanid.

Es war viel zu erforschen, zu rechnen und zu lernen, bis der Aufbau der Atome und ihr Zusammentreten zu Molekülen und Kristallen verstanden wurde. RUTHERFORD dachte bei den Atomen an verkleinerte Planetensysteme, BOHR sah deren Stabilität nur gegeben, wenn sich die Elektronen ohne Energieverlust auf festen Schalen bewegen können, PAULY erkannte, dass sie sich die möglichen Zustände nicht teilen können. Und SCHRÖDINGER entwickelte eine Gleichung für den Wellencharakter der Teilchen, die es erlaubt, die Wahrscheinlichkeit der Anwesenheit eines bestimmten Teilchens (z.B. eines Elektrons) an den Punkten des Raumes zu berechnen. Und nun zeigte sich, dass die Kugelsymmetrie der Elektronenhüllen schon bei den Atomen gebrochen sein kann, und dass viele Moleküle ausgesprochen asymmetrisch erscheinen.

Die Gestalt der Moleküle und Verbindungen ist eigentlich die Geometrie ihrer Elektronenhülle, denn die Atomkerne sind vergleichsweise winzig. Und zwar stehen den Elektronen jeweils verschiedene erlaubte Zustände zur Verfügung, die, wenn sie nicht besonders angeregt sind, von innen nach außen durch die

Elektronen besetzt werden. Rechengrundlage ist die SCHRÖDINGER-Gleichung. Zunächst werden die Energie-Zustände von innen nach außen durchnummeriert, und man bekommt ihre sogenannte Hauptquantenzahl n. In den Gruppen mit gleicher Hauptquantenzahl wird nach unterschiedlichem Drehimpuls unterschieden und als Nebenquantenzahl l durchgezählt. Damit sind zwar die erlaubten Energiestufen erschöpft, aber für n>1 hat die SCHRÖDINGERsche Wellengleichung weitere Lösungen, und man findet auch zugehörige Elektronen, und so kommt die Quantenzahl m hinzu. Auf die Energie hat m keinen Einfluss, wohl aber auf die Geometrie der Atome. Gerade die Geometrie der Atome regelt nun weitgehend das chemische Verhalten der Elemente. Denn nur Elektronen mit einfachen Zuständen halten sich in kugelsymmetrischen Bereichen auf, bei den anderen Zuständen sind die Aufenthaltsräume z.B. keulen- oder torusförmig, unterschiedlich im Raum ausgerichtet und jedenfalls von geringerer Symmetrie.

Durch Lösung der jeweiligen Wellengleichung ließ sich zeigen, dass der gemeinsame Besitz von Elektronen, deren Bereiche hoher Präsenz (ihre »Orbitale«) sich überlappen, Bindungsenergie spendet. Diese Bindungen sind nach Form und Stärke sehr unterschiedlich, und so wurden aus den einfachen, symmetrischen Gegebenheiten von Atomkernen und von freien Elektronen die wesentlich komplizierteren Atome und die Moleküle mit ihrer meist geringeren Symmetrie. So ist neue Ordnung mit eigenen Gesetzen geworden, die sich insbesondere geometrisch darstellt, eben Chemie.

Wenn sich die Atome nicht mit gemeinsamen Elektronen umgeben, sondern einander Elektronen nehmen bzw. geben, werden sie zu negativen bzw. positiven Ionen. Wenn die Umgebung das erlaubt, bilden sie als Salze mehr oder weniger regelmäßige Gitter und werden so zu Kristallen und damit zu F e s t k ö r p e r n. Die Kristalle haben ganz bestimmte Winkel zwischen ihren Flächen, Symmetrieachsen sowie andere, physikalisch bedingte Merkmale. Wenn sie sich nicht gegenseitig am

Wachsen hindern, bilden sie bestimmte makroskopisch sichtbare Formen aus. So kommen wir nun auf chemischem Wege zur Bildung der eingangs erwähnten festen Phasen.

Besondere Eigenschaften hat das ökologisch so wichtige W a s s e r. So ist seine Dichte-Anomalie wichtig: Es ist bei +4°C am schwersten, und daher schwimmt entstehendes Eis auf und verhindert ein schnelles Durchfrieren der Gewässer. Das Wasser-Molekül ist auf einer Seite positiv und auf der gegenüberliegenden negativ. Flüssiges Wasser drängt sich daher leicht zwischen die Ionen der Salze, indem es um deren Ionen Wasserhüllen bildet. So kann es Salze lösen. Die meisten festen Gesteine lösen sich jedoch nur äußerst langsam, sie verwittern in Zeiträumen von Jahrtausenden bis Jahrhunderttausenden. So werden aus dem Wasser entnommene Ionen nur ganz langsam ergänzt, und das ist für die Zeitskala der makrochemischen und biologischen Evolution wichtig, wie auch für die nachhaltige Versorgung der Lebewesen.

Weiterhin hat sich eine Reaktionsweise der Materie neu ergeben, die dann in der Biologie grundlegende Bedeutung erlangen sollte. Es ist die Fähigkeit mancher Stoffe, die Reaktionen anderer Stoffe zu beeinflussen – zu beschleunigen oder erst zu ermöglichen – selber aber nicht am Endprodukt beteiligt zu sein. Solche Stoffe nennt man Katalysatoren. Obwohl die Katalyse recht geheimnisvoll aussieht, beruht sie auf einfachen Prinzipien: Katalysatoren können andere Stoffe einander räumlich nahe bringen oder durch Bildung von Zwischen-Verbindungen unüberwindbare Bildungsenergie-Berge umgehen helfen. Sie beschleunigen nur, was energetisch möglich ist; allerdings manchmal selektiv, und schon das kann die Richtung des chemischen Geschehens bestimmen. Zusammen mit der räumlichen Zugänglichkeit reaktiver Gruppen in großen Molekülen (insbesondere Eiweißstoffen) gehören die Katalysatoren bei den Lebewesen zu den notwendigen Werkzeugen des Stoffwechsels.

Im Bereich der großen und komplexen chemischen Verbindungen kommt es schon unabhängig von den Lebensvorgängen zur Selbstorganisation. Dadurch entstehen Strukturen, die vorher nicht vorhandene Informationen tragen. Besonders beim Übergang zu den belebten Systemen spielt dann die Information (vgl. Glossar, Einzelheiten bei SCHWEITZER 1997) eine aktive Rolle in der Strukturbildung.

3.3 Erstaunliche Entsprechungen

Bevor wir die Lebewesen betrachten, die sich als eine höhere Seinsstufe aus der unbelebten Welt heraus gebildet haben, werfen wir einen Blick auf hochgradig unwahrscheinliche Zusammenhänge und erstaunlich präzise Mengenverhältnisse im Kosmos. Denn dabei handelt es sich um grundlegende Voraussetzungen des Lebens. Bei KÜNG (2005) kann man sich gut darüber informieren.

Schon bei den kosmischen Synthesen der Atomkerne sind die Weichen für eine Welt, in der Leben entstehen kann, gestellt worden. Z.B. müssen nach MAYER-KUCKUK (1989) für die Elementsynthese von Kohlenstoff und Sauerstoff vier quantenmechanische Bedingungen gleichzeitig erfüllt sein. »*Eine kleine Änderung in der Stärke der Kernkräfte würde dieses Gleichgewicht völlig zerstören*«, so dass er von einer »*subtilen Balance zwischen den Organisationsebenen*« sprechen kann. Das Universum ist gerade richtig für unsere eigene Existenz. Umgekehrt gilt aber auch: »*Wir sehen das Universum, wie es ist, weil wir existieren*« (HAWKING 2002) – eine Fassung des viel diskutierten Anthropischen Prinzips.

Diese Fakten sprechen für einen planmäßigen Beginn der kosmischen Entwicklung, eine Schöpfung. Sie sind aber kein sicherer Beweis, denn es bleibt Platz für die Annahme, dass sich bei anderen Vorbedingungen ein andersartiges »Leben« hätte entwickeln können, auch wenn wir uns das nicht konkret vorstellen können.

V. DITHFURT (1975) warnt ja mit Recht vor dem Schluss, dass die Konstellation der Umwelt sich in genau einer einzig richtigen Richtung verändert haben musste, um Leben zu erlauben. Er schreibt: »*Als die Entwicklung auf der Erde vor 4 Milliarden Jahren eine Situation hatte entstehen lassen, durch welche die Bildung von Eiweißen und Nukleinsäuren begünstigt wurde, ... da baute es*

*auf diesen beiden Bausteinen einzig und allein deshalb auf, weil
sie die beiden einzigen Molekülarten von ausreichender Kompliziert-
heit und damit Wandlungsfähigkeit waren, die in genügender Menge
zur Verfügung standen. Es ist denkbar, dass bei Bevorzugung anderer
Stoffgruppen schließlich Leben auf ganz anderer chemischer Grundlage entstanden wäre.«*

3.4 Die Welt wirkt auf die Evolution zurück

Solche Zusammenhänge schärfen unseren Blick dafür, dass zu der
Umgebung, in der und unter deren Bedingungen die Evolution
stattfindet, die gesamte Welt gehört. Offensichtlich ist die Rückwirkung der Welt auf ihre weitere Evolution sehr groß. Aber die
Welt ist natürlich in erster Linie selber weitgehend das Gesamtpro-
dukt aller bisherigen Evolution. So sind die Objekte in der Welt zu
einem allumfassenden Netzwerk verknüpft. Man kann das zwar
unmöglich insgesamt erfassen, aber Ausschnitte aus diesem Netz
können, unter gewissen Annahmen, schon beschrieben werden.
So eine Annahme ist etwa, dass es überall, und auch in unserer
Weltgegend, vor 2 Milliarden Jahren so gewesen sei, wie wir es in
der Kugelschale von 2 Milliarden Lichtjahren Radius beobachten
können, in der uns jene ferne Zeit heute zugänglich ist.

Für unsere Fragen ist es unnötig, mehr über die vielfältigen Erscheinungen im bisher bekannten Weltall zu berichten. Die Galaxien und der Staub des intergalaktischen Raumes bilden einen
fernen Rahmen, um den wir wissen, aber den wir nicht detailliert betrachten. Selbst über das Sonnensystem als unsere kosmische Heimat werden wir nicht näher informieren, denn wir haben
über die Evolution unseres Planeten Erde genug zu berichten. Hier
finden wir wie in einem Archiv zahlreiche Zeugnisse der Erdgeschichte, die das Leben und uns selber hervorgebracht hat.

Meist sehen wir Evolution etwas einseitig mit Blick auf die Lebewesen; aber auch andere komplexe Gestalten und sogar große
Systeme haben durchaus ihre spezielle Entwicklung. Oft geht die
Evolution den Weg der Vereinigung von Verschiedenem zu einer
gemeinsamen Gestalt. Bei der Differenzierung der Erde herrscht
diese Weise der Evolution vor.

3.5 Die Differenzierung der Erde

In den letzten Jahrzehnten hat sich die Art etwas verändert, wie die Großstrukturen des Erdkreises erfasst werden. Man kannte schon die Materialschichten des Globus und die Atmosphäre mit ihren charakteristischen Teilsphären, wie Troposphäre, Stratosphäre, Ionosphäre, und nun lag es nahe, auch die übrigen Bauelemente zu Sphären zusammenzustellen. Es ist recht praktisch und passt auch gut zum Naturhaushalt, wenn folgende unterschieden werden: Die Geosphäre, die aus den verschiedenen Gesteinsschichten der Erde besteht, die Hydrosphäre als die Sphäre des flüssigen und gefrorenen Wassers, die Reliefsphäre als die Oberflächengestalt der Erde (ein nicht ganz in unsere Reihe passender, aber für die Geomorphologen unverzichtbarer Begriff), die Atmosphäre als Lufthülle der Erde, die Biosphäre mit den belebten Wesen und ihren Formationen (Korallenriff, Wald, Wüste usw.) und die Pedosphäre, zu der Anteile von Hydrosphäre, Atmosphäre und Biosphäre in der lockeren oberen Zone der Geosphäre zusammentreten können. Eine weitere wäre die Anthroposphäre, zu der man die Kunstgebilde aus Menschenhand zusammenfassen könnte.

Geosphäre

Bei der Entstehung unseres Planetensystems hatten, so nimmt man an, gasförmige, glutflüssige und feste Substanzen eine rotierende Scheibe um die junge Sonne gebildet (wie man sie ähnlich vom Saturn kennt) und sich darin, selber rotierend, zu Planeten und kleineren Himmelskörpern zusammengeballt. Einer dieser Planeten ist die Erde, die sich, unter Verlusten durch Ausgasung und Gewinnen aus dem Meteorfall, durch Sonderung der Stoffe im Druck- und Temperaturgradienten des eigenen Schwerefeldes zu Geosphäre und Atmosphäre differenziert hat.

Im Inneren der Geosphäre dominieren Eisen und ähnliche Metalle, dann herrschen Silizium und Magnesium und außen schließlich Silizium und Aluminium vor. Was sonst in den Schichten vorkommt, darüber haben die Gesetze der Geochemie entschieden, es ist bestimmt von der Bildung gemeinsamer Minerale und deren spezifischem Gewicht. Die Geosphäre hat sich seit der Abkühlung weiterentwickelt, und als an ihrer Oberfläche durch Verwitterung Minerale in andersartige umgewandelt worden sind, haben sich als neuartige Bestandteile der Geosphäre die Sedimente gebildet. Z.B. wurden Silicatminerale in großem Umfang durch Carbonate ersetzt, wodurch die vielen Kalkgebiete entstanden sind.

In den glutflüssigen Schichten zwischen dem festen Kern und den äußeren Gesteinsschichten muss es Strömungen geben, die das Magnetfeld der Erde erzeugen. Dieses Magnetfeld schützt die Erde weitgehend vor geladenen Teilchen, die von der Sonne zu uns geblasen werden. Die Strömungen treiben die Plattentektonik an. Damit ist gemeint, dass riesige Gesteinsplatten gegeneinander verschoben und an Kollisionsrändern, z.B. an den Anden, aufgeschoben oder hinabgezogen und eingeschmolzen werden, während an den gedehnten Rändern, z.B. am Mittelatlantischen Rücken, aus aufsteigendem, glutflüssigem Gestein neuer Ozeanboden entsteht. Die Plattentektonik hat weitreichende Folgen für die übrigen Sphären: Sie bildet die Grundlage der Oberflächen-Gestaltung der Erde und damit der Reliefsphäre mit der Verteilung von Land und Meer, insbesondere dem Wechsel zwischen einer einheitlichen, riesigen Landmasse und deren Zerteilung in Kontinente, sowie die Erzeugung von Tiefseegräben und Hochgebirgen. Damit regiert sie die Zirkulation von Wasser und Luft und so die Bewegungen in der Hydrosphäre (Meeresströmungen) und der Atmosphäre (Wettergeschehen) mit ihren Auswirkungen auf die Biosphäre.

An der Erdoberfläche sind die meisten Gesteine nicht auf Dauer stabil. Die Verwitterung bereitet sie für den Transport auf und wandelt sie teilweise um, dann werden sie abgetragen und meist an tiefer gelegenen Stellen als Sedimente abgelagert. Für die Geosphäre selber ist mit Verwitterung, Transport und Plattentektonik ein Kreislauf der Gesteine in Gang gesetzt worden, der auch die Mineralversorgung aller dem Wasser entsteigenden Lebewesen sichert.

Atmosphäre

Die Atmosphäre, die Gashülle des Planeten Erde, hat besonders dramatische Veränderungen erfahren. Sie bestand zunächst aus allen gasförmigen Anteilen des jungen Planeten. Aber die Schwerkraft der Erde konnte vor allem den Wasserstoff nicht festhalten, und die vulkanische Ausgasung liefert ständig neue Gase, so dass sich die Atmosphäre von Anfang an verändert hat. Alte geologische Schichten zeigen, dass sie anfangs kaum Sauerstoff enthielt.

Man hatte früher sogar stark reduzierende chemische Bedingungen postuliert, während nun nach RAUCHFUß (2005) eher eine neutrale Gashülle angenommen wird. Anfangs hatte die Sonne nur 70 % und auch vor 2,8 Milliarden Jahren erst 80 % der heutigen Helligkeit. Einige Autoren nehmen an, dass die erkaltende Erde zunächst trotzdem nicht vereiste, weil das Treibhausgas Methan die Wärme wirksam in der Atmosphäre zurückhielt. Rechtzeitig hatte sich dann das Leben, die Biosphäre also, so weit entwickelt, dass es methanbildende Verwandte der Bakterien gab. Diese bildeten hinreichend viel Methan aus Wasserstoff und Kohlendioxid (KASTING 2004; s. aber auch RAUCHFUß 2005). Als in der Biosphäre die Photosynthese erfunden und zunehmend Sauerstoff freigesetzt wurde, wurde Methan oxidativ abgebaut, und die Methanbildner wurden auf sauerstofffreie Standorte zurückgedrängt. Daraufhin hat es vor 2,3 Milliarden, 750 und 600 Millionen Jahren globale Vereisungen gegeben. Erst danach strahlte die Sonne so stark, dass es nur noch relativ harmlose Eiszeiten gab.

In der Atmosphäre reicherte sich der Sauerstoff zunehmend an, aus der mehr oder weniger reduzierenden Atmosphäre war eine oxidierende geworden. Diese besteht heute aus ca. 79 % und 21 % Sauerstoff, denen etwas Kohlendioxid und andere Gase beigemengt sind. Wir wollen hervorheben, dass die jetzige Atmosphäre wesentlich von Aktivitäten der Biosphäre gestaltet worden ist. Das Leben hat also die Bedingungen seiner eigenen Existenz mit bestimmt.

Die Atmosphäre wirkt als Puffer zwischen Erde und Weltall. Die Erde würde ja eigentlich ihre Wärme ungebremst ins All abstrahlen und wäre überall, wo die Sonne nicht gerade scheint, sehr kalt. Wo Sonnenstrahlen ungebremst auftreffen, würde sich die Erdoberfläche, sei es als Gestein oder als Wasser, stark erhitzen, und diese heiße Region würde im Tages- und Jahreslauf über die Erde wandern, mit schnellem Wechsel zwischen warm und kalt. Aber ein großer Teil gerade der energiereichsten Strahlen wird schon in der Atmosphäre, teils schon weit oben in ihrer Ionosphäre, abgefangen – eine wichtige Existenzbedingung der Biosphäre – und ein Teil der abstrahlenden Wärme wird in der schützenden Lufthülle festgehalten oder zur Erdoberfläche zurückgeworfen. Nun sind Gase sehr mobil, und ein unmittelbarer Austausch von warmer und kalter Luft hätte unerträgliche Stürme und Wolkenbrüche zur Folge. Davor bewahrt uns die mit der Erddrehung physikalisch gegebene Coriolis-Kraft, die den Winden eine Ablenkung erteilt und so das komplizierte Strömungssystem der Atmosphäre mit erzeugt. Wärmeverteilung, Relief und der Wärmetransport in den Ozeanen bedingen die Unterschiede von Temperatur und Verdunstung bzw. Niederschlag und so, über wachsende Zeiträume betrachtet, Wetter, Witterung und die verschiedenen Klimate. Diese wirken entscheidend mit an der Differenzierung der Biosphäre und der Bodendecke. Zusammen mit der wechselnden Einstrahlung von Sonnenlicht bestimmen diese Zusammenhänge die Klimageschichte; insbesondere den Kontrast zwischen dem warmen Erdmittelalter und Tertiär, bis vor etwa 2 Millionen Jahren, und dem nachfolgenden und noch andauernden Quartär, in dem lange Eiszeiten und kurze Warmzeiten abwechselten. Die Serie von Eiszeiten im Quartär hat in Europa zu einem erheblichen Verlust an Tier- und Pflanzenarten geführt und auch Relief und Bodendecke stark verändert. Insgesamt lieferte die Geschichte der Atmosphäre maßgebliche Bedingungen der Evolution.

Hydrosphäre

Das Wasser, das aus der Atmosphäre als Regen, Schnee und Eis auf die Erde zurückfällt, nimmt zum großen Teil seinen Weg durch Boden und Gestein, kriecht mit geringer Geschwindigkeit als Eis in Wechselwirkung mit dem Relief zu Tal oder fließt als Oberflächenwasser zu den jeweils tiefsten Stellen. Früher oder später sammelt sich das meiste Wasser in den Hohlformen des Geländes und zum gewaltigsten Teil in den Ozeanen und ihren Randmeeren. Die fließenden und stehenden Gewässer bilden zusammen die Hydrosphäre.

Die Hydrosphäre spielt eine große Rolle als Speicher und Transport-Medium der Wärme, und die Meeresströmungen tragen zum Temperatur-Ausgleich zwischen warmen und kalten Regionen der Erde erheblich bei. Die Hydrosphäre beeinflusst die anderen Sphären, besonders die Biosphäre. Wenige Beispiele mögen das zeigen: Wo kalte Meeresströmungen die Küste umspülen, ist es meist wüstenhaft trocken, während warme Strömungen dem Festland Feuchtigkeit und, in unseren Breiten sehr wichtig, auch Wärme liefern. Und wenn der warme Golfstrom nicht weit genug zu Europas Nordküste gelangt, kann es zu einer neuen Eiszeit kommen.

Wir sehen im Meer gern den Ur-Lebensraum, von dem aus die anderen Räume besiedelt worden sind. Dass die Erde in ihrer Frühzeit von so heftigen Meteoreinschlägen betroffen wurde, dass wahrscheinlich das Ozeanwasser vollständig verdampft ist, begrenzt die Zeit der Bewohnbarkeit der Meere durch Lebewesen.

Mit der Entstehung des Lebens werden noch weitere Eigenheiten der Hydrosphäre in Verbindung gebracht. Das ist zunächst in der Tiefsee die Existenz von Gebieten mit starken vulkanischen Ausgasungen. Seit 1970 wurden nicht nur diese »hydrothermalen Systeme« entdeckt, sondern auch dort ansässige sonderbare Lebensgemeinschaften, die ganz vom heißen und reduzierenden Milieu bestimmt sind und bisher unbekannte Lebewesen, von hitzetoleranten Urbakterien als Produzenten bis zu bleichen Muscheln, Würmern und Krebsen als Konsumenten. Zweitens sind die Gezeitenzonen und besonders Lagunen mit periodischer Austrocknung mögliche Produktionsstätten chemischer Vorstufen des Lebens. Um beide besonderen Teilsysteme der Hydrosphäre ranken sich inzwischen Hypothesen zur Lebens-Entstehung, die von RAUCH-FUß (2005) vorgestellt werden.

Reliefsphäre

Die Reliefsphäre ist die Erdgestalt mit den Prozessen, die sie formen. Sie ist eigentlich ein Formenschatz und kein physischer Gegenstand. Die Details der Erdgestalt werden von den Einflüssen der anderen Sphären mit bestimmt und wirken auch auf diese zurück. Die Grundform des Reliefs ist das Ergebnis der Plattentektonik. Die weitere Ausgestaltung ist stark von den Gesteinen mit ihrer Widerstandskraft und Porosität abhängig. Wichtigste Gestaltungsmittel sind das kriechende Eis, das fließende Wasser und auch das in Poren und Spalten gefrierende Wasser. Außerdem trägt der Wind zur Formung bei. Pflanzen und Tiere schaffen da weniger, doch behindert eine geschlossene Vegetation die Erosion und kann für die Stabilität des Reliefs entscheidend sein. In letzter Zeit ist der Mensch zu einem starken Gestaltungsfaktor geworden.

Die Regeln, nach denen die Landschaftsgestalt in den verschiedenen Klimaten entstanden ist, die Konstruktionspläne für Flussnetze und Höhenlinien, Hügel und Plateaus, Hochgebirge und Küsten sind den Geomorphologen weitgehend bekannt. Auch hier, wie in jeder Sphäre, entstehen durch das Zusammenwirken der verschiedenen Faktoren neue Strukturen mit einem geregelten Verhalten.

Pedosphäre

Die Grenzfläche zwischen Geo- und Atmosphäre hat teilweise ganz besondere Eigenschaften, sie besteht aus Böden, und diese bilden in ihrer Gesamtheit die Pedosphäre (Pedon = Boden). In dieser Sphäre von sehr weiter seitlicher Erstreckung, die allerdings meist nur einige Dezimeter bis Meter stark ist, erscheinen die Gesteine gelockert und sind meist auch chemisch verändert. Hier bilden sich insbesondere die Tonminerale, die Wasser und Nährstoffe speichern können. Der Porenraum ist teils mit Luft und teils mit Wasser gefüllt, Hydro- und Atmosphäre dringen ein und bilden mikroskopisch eine sehr große und komplizierte Berührungsfläche, was chemische Austauschprozesse begünstigt. Kein Wunder, dass sich zahlreiche Lebewesen hier Heimatrecht erworben haben. Viele kleine Formen sind gerade an solche Lebensräume angepasst. Bakterien verzehren hier Pflanzenreste, Einzeller leben von den Bakterien, Fadenwürmer stellen diesen Einzellern nach oder besaugen Wurzeln, Pilze bilden eigens Schlingen und saugen Fadenwürmer aus, die in diesen Schlingen stecken bleiben. Die höheren Pflanzen senken ihre Wurzeln in den Boden und finden so Halt und Versorgung, und die Reste der Vegetation werden hier teils verzehrt, teils zu Humus umgebaut, der aus eigenständigen organischen Stoffen mit wichtigen Speicherfunktionen besteht.

Nach allem, was wir von den anderen Sphären erfahren haben, wundern wir uns nicht darüber, dass auch die Pedosphäre charakteristische Bildungen zeigt, und dass sich die Böden nach eigenen Regeln entwickeln und verhalten. Die Beschreibung von Böden erfolgt jeweils an einem typischen Profil, einem Schnitt im Gelände von der Oberfläche bis zur reinen Geosphäre. An diesem Profil werden Horizonte unterschieden, die sich durch die speziellen bodenbildenden Prozesse ausdifferenziert haben. Die charakteristischen Profile definieren Bodeneinheiten, die mit den ökologischen Eigenschaften eng verbunden sind. Weltweit kartiert, ist die Pedosphäre ein Gebilde hoher Ordnung und hat ihre eigene Geschichte, die mit der Geschichte der anderen Sphären eng verbunden ist. Zweifellos hat sich auch hier eine Evolution abgespielt (STEPHAN 1986, 2000).

Biosphäre

Wir behandeln die Biosphäre am Schluss und nur ganz kurz, weil deren Entwicklung das Thema der kommenden Seiten sein wird und hier nicht viel vorweggenommen werden sollte. Die anderen Organismen hängen von den energiereichen organischen Substanzen ab, die weitgehend von den Pflanzen unter Nutzung der Sonnenenergie erzeugt werden. Wälder, Sümpfe und Moore, Savannen, Steppen, Wüsten, kultiviertes Land sind Formationen der Vegetation auf dem Festland. Die Gliederung der Biosphäre innerhalb der Gewässer ist stärker dreidimensional und kann nicht in der nötigen Kürze aufgeführt werden. Die Evolution der Organismen, die in den nächsten Abschnitten zu behandeln ist, ist immer abhängig von der jeweiligen Vegetationsformation und in dieser von der Lebensgemeinschaft, in der sie sich abspielt. Andererseits setzen diese Formationen die Existenz der entsprechenden Organismen voraus. Die Organismen und die Lebensgemeinschaften haben sich gemeinsam entwickelt und verändert.

3.6 Das Aufkeimen des Biologischen

Die Entstehung des Lebens aus chemischen Verbindungen, die im Weltall und auf Erden nachweislich vorhanden sind, ist denkbar. Mehrere Wege sind diskutiert worden und nicht auszuschließen, wenn man auch von keinem sagen kann, Leben sei tatsächlich gerade so entstanden. Neben rein erdgebundenen Varianten ist auch der Ablauf gewisser früher Schritte außerhalb der Erde möglich. Einen Überblick über dieses Forschungsgebiet gibt RAUCH-FUß (2005). Wir dürfen den weiteren Erörterungen die wichtige Erkenntnis voranstellen, dass eine natürliche Entstehung des Lebens nicht bewiesen wurde, aber sehr wahrscheinlich und bisher nicht falsifiziert ist.

Wie, wo und wie oft Leben auch entstanden sein mag, und selbst wenn man eine spontane, d.h., rein natürliche Entstehung ablehnt – immer gilt: Eine von Physik und Chemie geprägte Umgebung musste das Material zur Verfügung stellen. Spielraum lässt allenfalls die Emergenz neuer, eben biologischer Eigenschaften mit zugehörigen Gesetzen. Es handelt sich um eine neue Seinsschicht, aus der sich nach über einer Milliarde Jahren das menschliche Sein mit wiederum eigenen emergenten Eigenschaften erheben sollte.

Biologie erzählt von Wesen, die leben, die also, von Energie und Stoff durchflossen, ihre Eigentümlichkeiten selber aufrechterhalten und sich vermehren können. Leben tritt stets in Form konkreter Lebewesen oder Organismen auf. Ihre räumliche Abgrenzung ist notwendig, sie ermöglicht eine hinreichende Erhaltung der Chemie und Struktur und setzt Veränderungen einen engen Rahmen. Die Organismen haben einen Stoffaustausch mit ihrer

Umgebung, den sie nur für begrenzte Zeit zu ihrem Schutz unterbinden können. Immer zeigen sie Reizbarkeit, reagieren sie auf bestimmte Informationen aus ihrer Umwelt. Sie vermehren sich mit relativ geringer Variabilität. Zwischen ihnen besteht ein Netz von Abhängigkeiten und Interaktionen.

Für die Wissenschaften bedeuten gerade die zahlreichen abgegrenzten und prinzipiell verschiedenen Organismen eine Herausforderung. Ist es noch in der physikalisch-chemischen Welt selbstverständlich, dass man entweder allgemeine Regeln findet oder dem Chaos gegenübersteht, so sieht der Biologe eine Hierarchie von irgendwie selbständigen Einheiten vor sich. Hier sind Verallgemeinerungen mit Informationsverlust verbunden und Details zum Verständnis notwendig. Der Biologe kennt diese Eigenart seines Bereichs, richtet seine Forschungsstrategie danach aus und entdeckt im komplizierten Zusammenspiel der Individuen eine reiche Welt von Strukturen und Funktionen.

Wichtige Besonderheiten, durch die sich die Lebewesen von den anderen physikalisch-chemischen Gebilden unterscheiden, beschreibt MAYER-KUCKUK (1989) so:

>... *Es muss erstens ein Informationsspeicher zur Verfügung stehen, in dem die Baupläne für die Organismen fixiert sind. Dazu eignen sich Moleküle mit autonomen, gegenüber äußeren Einflüssen stabilen Strukturen. ...*

Zweitens muss es einen Mechanismus geben, der es erlaubt, diese Informationen zu lesen und zu kopieren. Er benötigt für sein Funktionieren bereits den Fluss von Energie.

Drittens muss es Prozesse geben, die im Speicher enthaltene Baupläne in Zellstrukturen umsetzen. Hier kommt die Strukturierung durch chemische Konzentrationsgefälle ins Spiel.

Und schließlich, viertens, muss es einen Mechanismus geben, der auf natürliche und gesetzmäßige Weise bei der Reproduktion (Schritt für Schritt, der Verf.) zur Selbstverbesserung und so zur Entwicklung immer differenzierterer und leistungsfähigerer Organismen führt. Das ist das Selektionsprinzip, auf dem die biologische Evolution beruht.«

Die Nummerierung beschreibt aber nicht etwa eine Reihenfolge des Entstehens; es ist sogar damit zu rechnen, dass diese Charakteristika unabhängig voneinander entstanden sind und, was den eigentlichen Schritt ins Leben bedeutet, in einem rätselhaften Akt zusammen gefügt und dabei in Membranen eingeschlossen wurden – Leben gibt es nur in Zellen. Es ist auch keineswegs allein das Selektionsprinzip, dem die weitere Entwicklung verdankt wird, sondern es war immer wieder das Zusammenfügen oder wenigstens Zusammenwirken bereits vorhandener, nicht direkt verwandter Lebewesen notwendig.

Durch chemische Evolution zum Leben?

Das Leben ist immer auf die physikalisch-chemische Seinsschicht angewiesen. Experimente haben bestätigt, dass eine spontane Entstehung von Lebewesen auf der jungen Erde denkbar ist, wenn auch nicht unter den heutigen Umweltbedingungen. Man kennt sogar mögliche Vorstufen: Große Moleküle wie die Kernsäuren können entstehen, können sich unter günstigen Bedingungen vermehren und ausbreiten, und es gibt Prozesse, die ihre Erhaltung erleichtern, so dass sich das Leben mit seinen emergenten Eigenschaften im Schoße des chemischen Geschehens gebildet haben kann, und zwar durch Individualisierung. Die entsprechenden Experimente wurden unter Bedingungen durchgeführt, die denen auf der noch unbesiedelten Erde nachempfunden waren. Die Herkunft der ersten Lebenskeime ist zwar unbekannt, sie können sich aber aus geeigneten chemischen Verbindungen auf der jungen Erde selber gebildet haben. Den Weg von den ersten hierfür dienlichen Molekülen zu den ersten Lebewesen bezeichnet man als c h e m i s c h e   E v o l u t i o n. Dabei muss es ziemlich früh zur Individualisierung gekommen sein, und zwar durch den Einschluss in Membranen, wenn diese auch noch nicht so vollkommen gewesen sein müssen wie bei heutigen Lebewesen. Es ist sodann leicht einzusehen, dass sich beim Zusammenlagern großer Moleküle in einer Membran Stoffe anreichern konnten, die weitere einbaufähige Stoffe besser an sich binden konnten als ihre Mitbewerber (Ernährung), sich selbst vor Zerfall oder Verzehr schützen, sich teilen und dabei wichtige Eigenschaften weitergeben konnten. Eine gewisse Veränderlichkeit hatten sie sowieso. Damit wäre dann eine schrittweise Verbesserung und Anpassung möglich.

Wenn wir einen solchen spontanen Beginn des Lebens in unser Bild einbeziehen, so wird damit ein anderer Beginn nicht ausgeschlossen – was eigentlich für die weitere Entwicklung unerheblich ist.

Nach rückwärts sind die Lebensmöglichkeiten auf der Erde klar begrenzt, und die lebensfreundliche Zeitspanne ist wahrscheinlich noch um die Epoche der großen Meteor-Einschläge zu verkürzen. Bei der Entstehung des Sonnensystems hat sich die Erde wahrscheinlich aus kosmischer Materie zusammengeballt, unter der eigenen Schwerkraft verdichtet und auf einige hundert Grad erhitzt. Sie hat seit 4-4,5 Milliarden Jahren eine feste Kruste. Erst jetzt konnte sie eine Atmosphäre aus leichten Elementen festhalten, wie sie noch heutzutage aus Vulkanen austreten: Wasserdampf (über 90 %), daneben Stickstoff, Kohlendioxid, Wasserstoff, Methan, Ammoniak und Schwefeldioxid, wobei der Wasserstoff weitgehend in den extraterrestrischen Raum entweichen konnte (die Luft, die wir heute atmen, enthält dagegen neben viel Stickstoff ca. 21 % Sauerstoff sowie etwas Kohlendioxid und nur Spuren anderer Gase.) Mit der weiteren Abkühlung kam es zur Wolkenbildung, Sonnenlicht konnte diese Atmosphäre nicht durchdringen. Schließlich konnte sich flüssiges Wasser sammeln, wobei die Verteilung von Land und Meer durch die Prozesse der Plattentektonik immer wieder verändert wurde.

Zwischen den Wolken aber wurde die Atmosphäre durchsichtig, und auch die Wolken wurden mehr oder weniger durchscheinend. Noch nicht von Sauerstoff oder Ozon absorbiert, kam schließlich durch die Wolkenlücken viel von dem ultravioletten Anteil des Sonnenlichtes bis zur Oberfläche des Festlandes oder Meeres.

Die ersten Modelle für die chemische Evolution stützten sich weiterhin auf folgende Überlegungen (vgl. V. DITFURTH 1975): Das UV brachte Energie für den Aufbau großer Moleküle, die sich, absinkend, unter der lichtdurchfluteten Zone anreichern konnten, während sie oberflächennah – gerade wegen der UV-Strahlung – nur eine kurze Lebensdauer hatten. UV zerlegte auch in geringem Maß Wasser-Moleküle, deren Wasserstoff die Erde nicht festhalten konnte, während Sauerstoff in die Atmosphäre gelangte; aber jeweils nur so viel, bis dieser starke UV-Absorber die Wasserspaltung zum Erliegen brachte. Immer, wenn Sauerstoff verbraucht wurde, indem er Oxide bildete, ging die Wasserspaltung wieder los (UREY-Effekt). So stellte sich ein Sauerstoffgehalt von 0,1 % ein – sehr wenig, aber er absorbierte genau die Strahlung, die Eiweiße und Nukleinsäuren, wichtige Bausteine und Informationsträger der Lebewesen, zerstören würde. Das begünstigte deren Anreicherung gegenüber anderen Großmolekülen.

Aus Wasser, Methan und Ammoniak erzeugte STANLEY MILLER drei der 20 lebensbegründenden Aminosäuren. In abgewandelten Experimenten mit bereits vorhandenen Stoffen fand man auch Zucker, Grundbausteine für Chlorophyll, ATP (ein Grundstoff der Energieübertragung) und schließlich kurzkettige Eiweißartige und Vorstufen der Kernsäuren. In Atmosphäre und Ozean könnten so auch größere, aus vielen kleineren Molekülen zusammengesetzte Stoffe entstanden sein. Die von der Auslese bevorzugten Produkte der chemischen Evolution konnten sich nach entsprechender Anreicherung zusammenschließen.

Die Aufmerksamkeit richtete sich nun, da man das Problem der Erbsubstanz und ihrer identischen Vermehrung vor Augen hatte, auf die Eiweiß-Kernsäure-Komplexe.

Doch ließen sich diese Vorstellungen nicht zu einer allgemein akzeptierten Theorie ausbauen, denn je weiter die Forschung ins Detail ging, desto unterschiedlicher wurden die Möglichkeiten, mit denen gerechnet werden muss. Insbesondere ist ja unbekannt, wo auf Erden das Leben begonnen hat. Favorisiert man das oberflächennahe Meerwasser, so wäre die Zusammensetzung der Atmosphäre für die Entstehung der Stoffe der »Ursuppe« äußerst wichtig. Lag die Urheimat zwischen den heißen Quellen der Tiefsee, mussten zur Energie-Gewinnung chemische Gradienten angezapft werden, ehe Lichtquanten von der Sonne benutzt werden konnten.

Über die präbiotischen Synthesen der verschiedenen Stoffgruppen, die für den Aufbau erster Lebensformen wichtig sein müssten, berichtet RAUCHFUß (2005). Noch ist man in zahlreichen Laboratorien damit beschäftigt, zu klären, welche der von RAUCH-FUß erörterten Konzepte (Protein-Welt, Prä-RNA- und RNA-Welt, anorganisch gestützte Systeme, Hydrothermale Systeme, Thioester-Welt und andere) in der wirklichen Naturgeschichte eine Rolle gespielt hatten. Und im Hintergrund wartet die schwere Aufgabe, herauszufinden, wie sich die einzelnen Systeme zu einer lebenden Zelle zusammenfinden konnten.

Beginn der biologischen Evolution: Zellbildung und Vererbung

Da die Betonung der Eiweiß-Kernsäure-Komplexe von einer ungesicherten Vorstellung der Vererbung ausgeht, kehren wir zum alten Begriff des Protoplasmas oder kurz Plasmas zurück. Damit ist die Gesamtheit der kolloidalen Stoffe gemeint, die von der Vererbung reproduziert werden. Eine solche, durch Vererbung reproduzierbare Gesamtheit ist aber nur in einer irgendwie abgegrenzten Weise möglich: in Form umgrenzter, wasserhaltiger Plasma-Portionen. Diese waren wohl von Anfang an in Membranen eingeschlossen, die nur bestimmte Stoffe passieren lassen und so Bestand und Ernährung regeln. Membranen mit teilweiser und schließlich regelbarer Durchlässigkeit sind die Antwort der Evolution auf das Problem, prinzipiell offenen (da dissipativen) Systemen die Möglichkeit zur Selbsterhaltung zu geben. Eine solche Zellbildung sicherte die relativ konstante Zusammensetzung des Plasmas und zugleich die Erhaltung von Verbesserungen, wie sie sich durch zufällige Veränderungen ergeben konnten. Das gab den Zellen Dauer. Da sich auch entsprechende Membranen (Lipidhüllen) im Experiment erzeugen ließen, gilt eine solche frühe Zellbildung als wahrscheinlich.

Zukunft hatten natürlich nur Zellen, die mindestens ein vages Rezept ihrer Herstellung in sich trugen. Sie mussten es direkt mit eingeschlossen haben. Die Wahrscheinlichkeit, dass so etwas spontan geschieht, ist gering, andererseits war aber die Probier-Häufigkeit enorm. Die Bildung von Zellen, also von Plasma-Portionen in Membranen und mit einer Erbinformation, stellt den Übergang von der chemischen zur biologischen Evolution dar. Es handelt sich um ein emergentes Merkmal ersten Ranges, und als solches wird es konstituiert durch die Vereinigung verschiedener, teils sehr komplizierter Stoffe mit Eigenschaften, die je für sich allein das Überdauern ihrer Träger nicht bewirken könnten, sich aber in dieser Vereinigung zu leistungs- und zukunftsfähigen Organismen ergänzen.

Wieder offen: das Rätsel der genetischen Codierung

Es ist unbekannt, ob sich am Beginn des Lebens verschiedene Stoffe, die alle wichtigen Funktionen repräsentieren, zusammenfinden bzw. gegenseitig einverleiben mussten, oder ob sich ein erst einheitliches Plasma in entsprechende Funktionsträger differenziert hat. Beides scheint eine Rolle zu spielen. In der uns bekannten Welt ist das Erbgut vom übrigen Körper getrennt und kann unabhängig von diesem verfrachtet werden. Seine Aufgabe – die Steuerung von Aufbau und Funktion eines Lebewesens – erfordert aber sehr wohl, dass es in einen lebenden Organismus eingebaut ist, der seine Codierung ablesen und umsetzen kann.

Was konnte dem Plasma die Fähigkeit zur Selbstreproduktion geben? Zunächst schien es sich bei der Selbstreproduktion ganz vorwiegend um die Codierung der Eiweißkörper auf den Kernsäuren zu handeln und um das Ablesen dieses Codes. Historische Fakten (fossiles Material) dieser zarten Gebilde gibt es nicht. Das Wissen der achtziger Jahre (EIGEN, GARDINER, SCHUSTER & WINKLER-OSWATITSCH, 4. Aufl. 1984) erlaubte es, biochemische Mechanismen vorzuschlagen, mit denen das Problem der genetischen Codierung bis in Details hinein gelöst zu sein schien. Inzwischen wurden die Eiweiß-codierenden Sequenzen im Erbgut einiger Arten und mit dem »Human Genom Project« auch die des Menschen kartiert; und nun zeigt sich, dass jener Ansatz zu eng war.

GIBBS (2004) berichtet über die Anteile der Chromosomen, die nicht für Proteine codieren. Das sind beim Menschen 98 %! Darin wurden (zunächst bei anderen Lebewesen) wirksame Abschnitte entdeckt, die »nur« RNA ausprägen und sich als wichtig für die Entwicklung und Gesundheit der untersuchten Pflanzen und Tiere erwiesen haben. Die RNAs sind nicht nur die Grundlage der Eiweißsynthese, viele haben vielmehr andere und teils sehr bedeutende Aufgaben. Wichtige regulierende RNA-Formen bilden eine separate »epigenetische« Informationsebene. Man fand deren Transkriptionseinheiten (Oberbegriff für den gesamten in RNA übersetzbaren Code, mit den Eiweiß erzeugenden Genen als Teilmenge) auf den Chromosomen zwischen den proteincodierenden DNA-Sequenzen.

Man sieht inzwischen, »*zu welch vielfältigen biochemischen Kunststücken diese Moleküle im Stande sind. Wie Proteine interagieren RNAs mit ihresgleichen, mit DNA, mit Proteinen und sogar mit niedermolekularen Substanzen*«; und sie arbeiten digital. »*Proteine mögen zwar die Arbeitstiere der Zelle sein, aber aktive RNAs führen immerhin gelegentlich die Zügel. ... können auch Sklavenarbeit übernehmen: Als Katalysator, Signalgeber und Schaltrelais haben sie sich als ebenso kompetent wie Proteine erwiesen.*« (GIBBS 2004).

Nunmehr heißt es, dass man die Evolution vielleicht anders herum sehen müsste: »*Protoorganismen müssten RNAs als Sensoren und Schalter verwendet haben, um auf Veränderungen der Umweltbedingungen und des Stoffwechsels reagieren zu können*« (GIBBS 2004). Die Arbeitsgruppe R.R. BREAKERs konnte bereits einige synthetische RNA-Schalter herstellen. Die Situation ist also die, dass die Molekulargenetik einen riesigen neuen Forschungsbedarf hat.

Erst danach wird man wieder Erfolg versprechend über die konkreten Wege zum Beginn einer Vererbung spekulieren können. So lange wissen wir nur, dass keine grundsätzlichen Hindernisse für die Weitergabe des Bauplanes bestehen. Immerhin ist das heutige Wissen so reich strukturiert, dass man die Möglichkeit einer Entwicklung des Lebens aus dem Stoffbestand der jungen Erde heraus nicht mehr ablehnen kann.

Unter dem Eindruck der neuen Befunde wird man allerdings auch das Vertrauen in die von der Molekulargenetik vorgelegten Stammbaum-Rekonstruktionen relativieren müssen. Vorrang behalten die fossilen Funde und die Ergebnisse der untadeligen Homologie-Kriterien (REMANE 1952), die für Baupläne erhoben werden können.

Wir dürfen ja festhalten, dass in den Sedimentgesteinen fossile Zeugen einer Geschichte aufbewahrt sind, die aus primitiven Anfängen herührt. Die Fossilien gruppieren sich zwanglos zu einem Stammbaum, und die heutigen Lebewesen liefern einen passenden zeitlichen Schnitt durch diesen Stammbaum. Ihre Organisation stellt sie samt und sonders als Verwandte unterschiedlichen Grades dar. Diese Verwandtschaft wird bestätigt durch die große Ähnlichkeit, ja weithin sogar Identität des Aminosäuren generierenden Codes der Chromosomen, der Mitochondrien und der Chloroplasten der modernen Lebewesen; denn diese einheitliche Codierung muss mindestens bis zum ältesten fossil überlieferten Ahn zurückreichen.

Die Differenzierung in Körper und Erbgut und das Selektionsprinzip

Die Differenzierung der Organismen in Erbmaterial und den übrigen Körper und die unabhängige Veränderung des Erbmaterials durch zufällige Mutationen, die erst nach ihrer Umsetzung in körperliche Merkmale ihren Wert oder Unwert zeigen konnten, machten ein ziemlich rüdes Auslese-Verfahren nötig, bei dem eine Überzahl von Nachkommen erzeugt wird, die der Auslese durch die Umwelt ausgesetzt werden, also dem Lebenskampf. Dies geschieht insofern nicht rein passiv, als sich in jeder Art mit der Zeit ein mehr oder weniger gutes Gleichgewicht einstellt zwischen der aufwändigen Produktion von Nachkommen, dem um die ungünstigen Mutanten und Erbkombinationen vermehrten Verlust an solchen Individuen, die das Erbgut noch nicht weitergeben konnten und den Mutationsraten der Gene. Dieses Verfahren führt in der Generationenkette relativ schnell zu einer Optimierung der Organismen. Für die so ausgestatteten Lebewesen – und nur solche gibt es heute – war damit die Evolution auf Grundlage von Mutationen und Auslese eingeführt, die darwinistische Evolution (s.u.). Der Darwinismus im strengen Sinne ist damit im Bereich der Lebewesen als eines der frühesten Evolutions-Produkte entstanden.

Seit diesen frühesten Zeiten ist ein Transport von Erbträgern durch die ganze Lebewelt im Schwange, wobei der Austausch zwischen den Arten nur gelegentlich durch deren Isolierung völlig unterbunden wird. In geregelter Weise geschieht dieser Austausch innerhalb der höher entwickelten Arten durch Vereinigung von Zellen zur Erzeugung einer nächsten Generation, als Sexualität.

Unabdingbar für das Überleben: die Reizbarkeit

Wir würden kein Gebilde als lebend betrachten, das nicht auf die eine oder andere Umwelt-Qualität reagieren könnte, die sich als Reiz zu erkennen gibt. Bei den Reizen handelt es sich stets um verhältnismäßig energieschwache Äußerungen, meist in Form von Schallwellen, Photonen oder chemischen Stoffen, die regelmäßig mit gewissen Umwelt-Qualitäten zusammen auftreten und von den Lebewesen durch besondere Einrichtungen empfangen, ja erwartet werden. Was sie bewirken, ist im Organismus vorbereitet, die Reize machen eigentlich nichts Eigenes, sie geben nur den Startschuss für eine Reaktion. Man spricht daher auch von Auslösekausalität. Geeignete Sinnesorgane oder Sinnesorganellen haben sich allerdings erst durch schrittweise Auslese bilden müssen, durch lange genetische Lernprozesse, und das erfordert eine entsprechende Grundlage. Diese ist durch eine grundsätzliche ungerichtete Reizbarkeit des Plasmas gegeben. Durch die Entwicklung differenziert arbeitender Sinnesorgane wurde aus der Reizbarkeit eine große Erfolgsgeschichte, die bis zu der außerordentlich komplexen Repräsentation der Welt in den Gehirnen hoch entwickelter Wirbeltiere führte. Irgendwo dazwischen setzte die Übertragung zu einem zentralen Repräsentationsraum ein (s.u.), vorerst haben wir aber nur von den primitiveren Fähigkeiten des beginnenden Lebens zu berichten.

Prokaryota und die Entwicklung des Stoffwechsels

Erhaltung und Mehrung des Stoffbestandes sind weitere Grundeigenschaften des Lebens. Relativ gut kann man die Stoffwechselwege erschließen, mit denen die ersten Lebewesen für Wachstum, Ausscheidung, Vermehrung und Schutz gesorgt haben, sowie auch ihre Veränderungen im Laufe der Entwicklung.

Die winzigen Zellen der Prokaryota an der Basis dieses Stammbaumes sind ohne Zellkern, ohne Mitochondrien und ähnliche genetisch eigenständigen Organellen (das sind organartige Einrichtungen innerhalb von Zellen) und zeigen eine primitive Vermehrung ohne geregelte Sexualität. Heute existieren sie neben den aus ihnen entwickelten Eucarya in Form der Archäa und der Bacteria, zu denen auch die Cyanobacteriota gehören (Bezeichnungen nach BRESINSKY & KADEREIT 2002). Ihre vielfältigen Stoffwechselwege zeigen an, dass die ersten Prokaryota unter praktisch sauerstofffreien Bedingungen entstanden sind. Viele Bacteria und die Cyanobacteriota haben sich später an ein sauerstoffhaltiges Milieu gewöhnt, während sich die Archäa in sauerstofffreie Nischen zurückgezogen haben.

War der Stoffwechsel auf der Stufe der chemischen Evolution nichts anderes als die Einverleibung geeigneter Moleküle und die Ausscheidung ungeeigneter, so musste auf der biologischen Stufe die Nahrung in den ererbten Stoffbestand der Zellen umgewandelt werden. Das erforderte den Einsatz chemischer Energie. Eine erste wichtige Funktion der Gene ist die Bereitstellung von geeigneten katalytischen Eiweißstoffen, von Enzymen also, die diesen Abbau und Aufbau organischer Stoffe steuern und die Energie durch den Aufbau organischer Phosphate zum Einsatz bereitstellen. Dabei lieferte die Ausscheidung von Methan durch bestimmte Archäa das erste »Treibhausgas«, das die Sonnenwärme festhalten konnte. Andere Gärungen, die zu ebenfalls noch relativ energiereichen Produkten wie Milchsäure führen, sind noch heute von Bedeutung. Eine wirklich effektvolle Gewinnung chemischer Energie, die Atmung, konnte sich erst entwickeln, als hinreichend viel Sauerstoff vorhanden war. Die notwendigen Evolutionsschritte hat SCHOPF (1984) nachgezeichnet. Für den Energiegewinn wurden organische Stoffe geopfert, das Milieu wurde dabei schließlich nahrungsarm.

Die Umwandlung von Sonnenlicht in chemische Energie durch Porphyrin-Moleküle erlaubte die Erzeugung von Traubenzucker und seinen Folgeprodukten. Der Kern des Prozesses ist die Spaltung von Wasser mit Freisetzung von Sauerstoff. Zunächst fing es vielleicht mit der Spaltung von Schwefelwasserstoff und Freisetzung von Schwefel an, und später wurde die Synthese von Körpersubstanz und »Kraftstoff« mit Hilfe von Sonnenlicht von den blaugrünen Zellen der Cyanobakterien (die früher als blaugrüne Algen galten) in großem Maße betrieben. Der für die meisten anderen Prokaryota giftige Sauerstoff reicherte sich erst im Wasser an und wurde dann nach und nach zu einem wichtigen Bestandteil der Atmosphäre.

Viele damalige Lebewesen, wohl nur Prokaryota, überdauerten in Winkeln des Ozeans, die vom Sauerstoff nicht erreicht wurden oder denen vulkanische Ausgasungen ein sauerstoffarmes Milieu boten. Die Besiedlung des sauerstoffreichen Wassers gelang nur solchen Formen, die gefährdete Stoffe und Prozesse ins Innere schützender Membranen verlegten und Sauerstoff verbrauchende Stoffwechselwege entwickelten. Solche Zellen erwarben schließlich ein Enzymsystem, in dem Sauerstoff von Stufe zu Stufe weitergegeben und zuletzt auf die noch energiereichen Endstufen der Gärung übertragen wurde. Dabei gelangte die chemische Energie auf die Phosphatverbindung ADP und stellte daraus den Energieträger ATP her. Nur solche Zellen konnten den Energiegehalt der Nahrung und auch das Photosyntheseprodukt Traubenzucker vollständig ausnutzen.

Der von den grünen Pflanzen verursachte Übergang von einer sauerstoffarmen Atmosphäre zu einer an Sauerstoff reichen ist den Geologen gut bekannt; denn unter oxidierender Atmosphäre verrosten eisenhaltige Minerale und es entstehen ockergelbe, braune, schwarze oder rote Eisenoxidhydrate und -oxide. Die ersten marinen Eisenoxid-Sedimente sind fast zwei Milliarden Jahre alt, und seit dieser Zeit ist nicht nur im Meer, sondern auch auf dem Festland das Leben von Organismen mit Sauerstoff-Atmung möglich, insbesondere von Tieren und Mikroben.

Eucarya

Der nächste große Entwicklungsschritt führte zu Organismen mit echten Zellkernen, den Eukarya. Der Abstand zwischen den Prokaryota und den Eukarya ist gewaltig und der Weg noch nicht in seinen Einzelheiten bekannt. Bei allen Unterschieden innerhalb dieser Gruppen sind doch die Prokaryota kleiner, ihre Erbsubstanz liegt unmittelbar im Plasma, sie haben keine genetisch selbständigen Organellen. Die Zellen der Eukarya dagegen, zu denen neben

Einzellern auch alle Mehrzeller gehören, sind deutlich größer, und ihre DNA liegt membrangeschützt in einem Zellkern, mit dessen Abgrenzung auch der Erwerb der wichtigen RNA-codierenden Introns auf den Chromosomen verbunden ist (MATTICK 2006). Alle Eucarya besitzen Mitochondrien, die grünen Pflanzen zusätzlich Chloroplasten, und soweit Geißeln vorhanden sind, haben diese einen immer gleichen, definierten Aufbau. Diese Organellen haben sogar ihr eigenes Erbgut (s. nächsten Absatz). Die Eucarya haben Meer und Festland in Besitz genommen, wobei sich aber die Prokaryota in geeigneten Nischen erhalten und immerhin auch vervollkommnen konnten.

Man muss daran denken, dass alle heutigen Lebewesen von (fast) gleich weit her kommen, etwa die gleiche Entwicklungszeit seit der Entstehung ihrer Urahnen hatten und wohl auch so oder so genutzt haben. Bezeichnungen wie »lebende Fossilien« sagen zwar richtig aus, dass da sehr alte Bauprinzipien erhalten sind, schließen aber tiefgreifende Umwandlungen in irgendeiner Richtung nicht aus. Von den wirklichen Ahnen ist nur wenig fossil erhalten, weil erst durch die Bewehrung mit festen Schalen oder Skeletten erhaltungsfähige Strukturen auftraten. Die meisten Stoffe, durch die sich Lebewesen allgemein auszeichnen, sind ja begehrte Nahrung und werden nur unter lebensfeindlichen Verhältnissen konserviert.

Evolution durch Vereinigungsprozess: Die Endocytobiose

Wir kommen nun zu einem eigentümlichen Evolutionsprozess, den wir zwar schon für den Übergang von der chemischen zur biologischen Evolution, also für die Entstehung des Lebens selber mitverantwortlich gemacht haben, wo er aber völlig im Rätselhaften der Urzeit bleiben musste. Hier können wir ihn an nachvollziehbaren Beispielen aufzeigen.

Eine Evolution durch Vereinigung lässt sich nämlich für den Erwerb wichtiger Zell-Organellen nachweisen. Gen-Analysen haben den Befund der Mikroskopiker und Entwicklungsphysiologen bestätigt, dass bestimmte wichtige Organellen nicht durch Differenzierung entstanden sind. Vielmehr sind sowohl die Mitochondrien als Organellen der Zellatmung, als auch die auf die Photosynthese spezialisierten Chloroplasten aus ehemals selbständigen und freien Zellen hervorgegangen, sei es durch Einverleiben, sei es durch Einwanderung: Es handelt sich um Symbionten, und das Phänomen wird als Endocytobiose bezeichnet.

Lange hatte man die Mitochondrien als Differenzierungen innerhalb der Zelle angesehen. Ihre neue Bewertung als Nachkommen von Sauerstoff verwertenden Prokaryota wird vor allem dadurch gestützt, dass Mitochondrien immer nur aus Mitochondrien entstehen und eine weitgehend gemeinsame Ausstattung mit Kernsäuren haben, eine gemeinsame Erb-Grundlage. Das geht sogar so weit, dass man an den durch Mutationen entstandenen Unterschieden der Mitochondrien-DNA ihre mehr oder weniger große Verwandtschaft erkennt und Stammbäume aufstellen kann (SYKES 2003). Sie werden von Bakterien abgeleitet, und die Einwanderung/Einverleibung, die man als einen Schritt zur Entstehung der Eucarya auffassen kann, muss schon vor der Aufspaltung der Eucarya in zwei Zweige stattgefunden haben.

Der eine der beiden Zweige der Eucarya ist außerdem durch Besitz von Chloroplasten mit der Fähigkeit zur Photosynthese ausgezeichnet und umfasst die grünen Pflanzen von den meisten Algen bis zu den Blütenpflanzen. Am Beginn dieses Zweiges muss wieder eine Endocytobiose gestanden haben: Cyanobakterien wurden einverleibt oder wanderten ein. Mindestens einmal wurde also ein solcher Winzling in der Zelle nicht verdaut, wurde ihm eine Eucarya-Zelle zum Wirt und er zu deren Organelle; und beide vereinigten ihre Fähigkeiten. Die Synergie war so vorteilhaft, dass der ganze große Zweig bis zu den Blütenpflanzen von dieser Lebensgemeinschaft abstammt. Man konnte das rekonstruieren, weil sich auch die Chloroplasten bis heute eine eigene genetische Grundausstattung bewahrt haben und sich nur aus ihresgleichen bilden.

Außer diesen primären Chloroplasten (oder allgemein Plastiden) sind mehrmals sekundäre Plastiden entstanden, indem Zellen des einen Eucarya-Zweiges durch solche des anderen Eucarya-Zweiges, die an sich keine Photosynthese machen können, einverleibt worden sind. Dinophyta (Dinoflagellaten) haben Rhodophyta (Rotalgen) eingefangen, und die als Geißeltierchen bekannten Euglenophyta haben sich mit einzelligen

Chlorophytina (Grünalgen) vereinigt, um zwei bekannte Besitzer sekundärer Plastiden zu erwähnen. Man weiß schon sehr lange, wie man Euglena dazu bringt, dass sich ihre Plastiden nicht vermehren, und dass nach einigen Zellteilungen plastidenfreie Zellen auftreten, die nicht mehr grün werden können; denn auch sekundäre Plastiden entstehen nur aus ihresgleichen.

Es gibt bei den Eucarya noch mehr Organellen, die nur aus ihresgleichen entstehen, z.b. die Geißeln.

Das Zusammenfügen unterschiedlicher Lebewesen ist eine wichtige Entwicklungs-Strategie und kann mit einem Schritt die Komplexität und auch die Lebenstüchtigkeit um eine große Stufe anheben, wie das allein auf der Grundlage von Mutationen undenkbar ist. Hier, im Wurzelbereich des Stammbaumes aller Lebewesen, sehen wir also keinen rein verzweigenden Aufbau, sondern ein Netz, in dem sich Zweige nach einer getrennten Entwicklung wieder vereinigt haben.

Zellkern und Sexualität

Während die weitgehende Trennung von Erb- und Körpersubstanz etwa zeitgleich mit der Entstehung des Lebens überhaupt geschehen zu sein scheint, kam als eine entscheidende Neuerung am Übergang zu den Eucarya die Entstehung des Zellkerns hinzu. Dieser Schritt liegt zwar auch noch im Dunkel, gehört aber weitgehend zu den zelleigenen Errungenschaften und hat mit der eben besprochenen Endocytobiose wenig zu tun. Im Zellkern sind die zelleigenen Chromosomen durch eine Membran zusammengefasst, die sich nur während jeder Zellteilung auflöst. Es handelt sich nicht nur um einen Schutz des Erbgutes, sondern der nun notwendige Transport der Information (als RNA) gibt auch die Gelegenheit, die Introns aus den Genen herauszuschneiden und die für Proteine codierenden Exons zusammenzufügen, und zwar nicht notwendig in der gegebenen Folge (MATTICK 2006). Auf das Verhalten der mit eigenen Erbanlagen versehenen Organellen im Rahmen dieser Vorgänge kann hier nicht eingegangen werden.

Die Ausprägung der sexuellen Vorgänge hat bei den Eucarya zu einer Vielzahl unterschiedlicher Modi geführt, die Möglichkeiten wurden regelrecht durchprobiert und viele waren erfolgreich. Bei der Sexualität vereinigen sich zwei Zellen zu einer Zelle mit nun doppeltem Chromosomensatz, die durch Wachstum und Zellteilungen zu einem eigenständigen Lebewesen heranwachsen kann (Diplont). Irgendwann muss schließlich eine Reduktion des nun doppelten Satzes von Chromosomen stattfinden, und das geschieht im Rahmen einer Zellteilung, der Reduktionsteilung, deren Produkte entweder bald zu Sexualzellen werden oder selbst zu einem eigenständigen Lebewesen mit wieder nur einem Chromosomensatz heranwachsen (Haplont). Haplont und Diplont können sehr unterschiedlich gestaltet sein, durchaus verschiedene Lebensräume bewohnen, und der eine ist manchmal als Verbreitungsform in Gestalt und Lebenstätigkeit stark reduziert. All diese verschiedenen »Generationswechsel« sind weitgehend im 19. Jahrhundert aufgeklärt worden.

Die Sexualität hat zunächst den Vorteil, dass das Erbgut neu formiert wird. Dies geschieht meist vor der Reduktionsteilung durch Austausch von Stücken zwischen den gleichartigen Chromosomen der beiden Sätze. Zusammen mit der sexuellen Vereinigung ergibt das eine intensive Durchmischung, welche die Verteilung der Gene – einschließlich der Ausbreitung neuer Mutationen – in der Population bewirkt. Diese Rekombination der Erbanlagen vergrößert die Variabilität ganz enorm. Sie ist aber zufällig, und die Individuen mit arbeitsfähiger Ausstattung müssen von der Umwelt ausgelesen werden. Hier hat also der Darwinismus das Wort.

Auch der Generationswechsel kann sehr vorteilhaft sein. So kann eine Generation zur Ausbreitung und die andere zur Gewinnung der notwendigen Körpersubstanz vorbereitet sein.

Der vorteilhafte Gestalt- und Lebensraumwechsel ist allerdings nicht auf den Generationswechsel beschränkt. Er ist auch beim Heranwachsen eines einzelnen Individuums häufig. Dann werden die Jugendstadien als Larven und das Endstadium als Imago bezeichnet. Einfache Beispiele sind schwimmende Larven und festsitzende Imagines beim Seestern oder Raupe und Schmetterling.

Evolution durch Kooperation ist auch sonst vorteilhaft

Weniger eng, als bei der Endocytobiose gesehen, leben manche Tiere mit bestimmten Algen zusammen, die im Tierkörper leben und durch Photosynthese Nahrung erzeugen. Ähnlich ist es bei den Flechten, die aus Pilzen und Grünalgen oder Cyanobakterien zusammengesetzte Pflanzen darstellen, deren Lebensweise wenig an die von Algen oder Pilzen erinnert – ein schönes Beispiel für emergente Eigenschaften. Symbiose ist auch ein großes Kapitel der Biologie von Ökosystemen. So werden im bodensauren Fichtenwald die Wurzeln der Fichten und anderer Pflanzen von Pilzen bewohnt. Im Gegenteil zu den Wurzeln ertragen die Pilze Säuregrade unter pH 4,5, bei denen gelöstes Aluminium in lebensfeindlicher Menge auftritt. Sie sammeln im weiten Umkreis Wasser und Mineralstoffe für sich und den Baum und werden vom Baum mit organischen Baustoffen aus dessen Photosynthese versorgt. Darüber, wie wir selber besiedelte Wesen und von unseren Endosymbionten abhängig sind, schweigt des Sängers Höflichkeit. Außerdem können Gene auf verschiedene Weise von einem Organismus zum anderen gelangen. Dies vor allem macht ja die Entscheidung zum Anbau transgener Pflanzen so problematisch.

Abhängigkeiten im Lebensraum führen oft zu gemeinsamer Weiterentwicklung

Wenn wir unsere Aufmerksamkeit nicht auf enges Zusammenleben beschränken, ist überaus viel an Zusammenarbeit sogar zwischen erblich sehr fremden Gliedern von Lebensgemeinschaften zu entdecken. Interessant ist besonders die Synevolution. Diese gibt es in allen Abstufungen, von enger Koevolution bei der gemeinsamen Entwicklung der Blumen und ihrer Bestäuber oder mancher Früchte und ihrer Verzehrer bis zu weitläufigeren Beziehungen, wie die Anpassung des Blüh- und Vegetationsrhythmus ihrer Frühlingsblumen an die unterschiedliche Beleuchtung in laubwerfenden Wäldern. Zwar erscheint uns die Anpassung der meisten Lebewesen an Umweltänderungen, obwohl durch die Mutationsraten der zuständigen Gene vorbereitet, als eher zögerlich, und plötzliche Ereignisse führen oft zu Katastrophen, weil die Anpassung zu langsam ist. Bereits bestehende Synevolutions-Systeme, wie das von Blumen und Insekten, können sich jedoch erstaunlich rasch weiterentwickeln.

Dass Koevolutionen wertblind sind, zeigt sich, wenn das Ergebnis statt Symbiose ein P a r a s i t i s m u s ist, eine Beziehung mit Nutzen für einen, aber Schaden für den anderen Partner. Die Partner erscheinen als trickreicher Parasit und mehr oder weniger wehrloser Wirt, wie bei Kuckuck und Singvögeln oder, komplizierter, zwischen Malaria-Erregern, Anopheles-Mücken und Menschen.

Der zelluläre Aufbau als emergente Eigenschaft der höheren Eucarya

Geraume Zeit nach dem Siegeszug der Einzeller wurde das Prinzip des vielzelligen Aufbaus aus Eucarya-Zellen als eine generelle Bauanleitung etabliert und gehört auch zu den Konstruktionsgrundlagen unseres eigenen Körpers. Dieses Erfolgsrezept bildet eine weitere wichtige emergente Eigenschaft. Die zelluläre Gliederung erlaubte unter anderem die Entstehung einer Vielzahl gleicher Teile, die dann oft als Material für die Verwirklichung einer Arbeitsteilung und Spezialisierung dienten und unterschiedlich wurden. So sind die spezialisierten Mundorgane der Krebse und Insekten aus gleich gestalteten Beinen primitiverer Vorfahren entstanden. Mehrfach-Organe können also gemeinsam neue, komplexere Einheiten bilden, die ihre Besitzer lebenstüchtiger machen.

Dagegen wäre der Zerfall der Mehrzeller in unverbundene Zellen oder die Auflösung der Zellgrenzen außerordentlich ungünstig. Einzelzellen entstehen biologisch sinnvoll nur phasenweise, wenn es um Sexualität (Hervorbringen einer neuen Generation mit Mischung der Gen-Bestände) und Vermehrung (vor allem für das Ausfüllen vorhandener oder neu erschlossener Lebensräume) geht. Der Übergang zur Mehrzelligkeit ist ein solcher Fortschritt, dass er sich mehrfach ereignet hat. Erst der zelluläre Innenbau

60

ermöglichte es den Lebewesen, sich zu Größe und Gestalt zu erheben. Vor allem konnte bei Verletzung nicht mehr der ganze Leib auslaufen, sondern Teile des Körpers konnten abgegrenzt und eventuell repariert werden, wie leckgeschlagene Kammern eines Schiffsrumpfes. Wohl verlangte das Überdauern nun, dass die Zellen einem übergeordneten Ganzen dienten. Außerdem musste in Mechanismen der Reparatur und Ausgrenzung investiert werden; was aber offenbar die Lebenschancen derartig erhöht hat, dass schließlich so effektive Schutzsysteme entstanden sind wie unser Immunsystem.

Wenn das zelluläre Strukturprinzip des Lebens vernachlässigt wird, rächt sich das bitter. Ohne zelluläre Struktur im Inneren und eine Abgrenzung nach außen sind keine höheren Lebewesen denkbar, sie würden Opfer des aggressiven Milieus, das seit der Ursuppe immer gegeben ist.

Das Nadelöhr der Keimbahn:
Erfolg für die Population und Tod für die Individuen

Die zelluläre Differenzierung der Mehrzeller war also ein großartiger Erfolg. Aber der ist erkauft mit dem zwangsläufigen Tod der Individuen. Bei den meisten Pflanzen und bei den vielzelligen Tieren wird das Individuum für die Anpassungsstrategie der Art geopfert. Seine Zeit ist begrenzt, und das Leben wird durch das Nadelöhr der Keimzellen weitergegeben und nur ausnahmsweise durch Knospung und Sprossung von Nachkommen. Die Reifeteilung zur Reduktion auf einen Chromosomen-Satz, bei dem die Gene aus dem väterlichen und mütterlichen Erbgut neu zusammengestellt werden, und dann die Vereinigung zweier verschiedener Chromosomen-Sätze bei der Befruchtung ermöglichen das Spiel von Erbänderung, Gen-Austausch und Auslese auf der Ebene der Population. Die Population wird damit zum Träger des genetischen Potentials und ihr Erfolg steht im Mittelpunkt. So wird für eine hinreichende Diversität und Anpassungsfähigkeit gesorgt. Allerdings gibt es wichtige Grundfunktionen, deren Voraussetzungen sich nicht ändern dürfen. Schon aus diesem Grund darf der eigene Gen-Bestand der Mitochondrien, und bei den Pflanzen auch der Plastiden, nicht an der Umverteilung teilnehmen. Sie werden dem Keim nur von einem Geschlecht mit gegeben, was zugleich die Mobilität der anderen Geschlechtszellen erhöht.

Wo sich aber andere Auslese-Prinzipien vordrängen, wie bei der intraspezifischen Konkurrenz mancher Tiere, wird der Weg der schnellen Anpassung auch für weniger sensible Funktionen schon mal zur Sackgasse, was gerade bei hoch entwickelten Tieren mehrfach eingetreten ist. Das Hirschgeweih gilt als Beispiel für eine solche problematische Bildung.

Der Biologe kann nur mit Staunen das komplizierte Zusammenspiel von Stoffen und Energien in den biologischen Strukturen betrachten, das sich auf der Grundlage der genetischen Vervollkommnung durch die Differenzierung in Keimbahnzellen und Körperzellen unter dem Antrieb der Auslese in den Populationen entwickeln konnte. Er wundert sich dann nicht darüber, dass auch beim Menschen der Bauplan des Körpers auf eine begrenzte Lebensfrist hin angelegt ist. Es ist wohl notwendig, die Probleme, die wir selber mit dem Tod haben, nicht nur von ihrer existenziellen Seite her zu betrachten, sondern sie auch im Licht der biologischen Gegebenheiten zu sehen.

Wieder einmal sind wir in der Gefahr, den gegenseitigen Einfluss der Lebewesen zu übersehen. Neben der »legitimen« Weitergabe der Erbinformationen müssen wir nämlich noch einen Gen-Austausch berücksichtigen, der sich nicht an die vorgesehenen Bahnen hält. Der genetische Code ist universell, und das nutzen die Viren, indem sie ihre Erbinformation von den befallenen Zellen ablesen lassen. Sie vermitteln aber auch einen weitreichenden Gen-Austausch, dessen Folgen v. DITFURTH (1975) so beschreibt: »*dass die winzigen Gebilde bei ihrem langen Marsch quer durch alle Arten und Gattungen seit Jahrmilliarden mit der Unermüdlichkeit dörflicher Klatschbasen (und mit der gleichen Wirksamkeit) dafür sorgen, dass keine genetische Neuigkeit geheim ... bleibt.*«

Die schrittweise Vervollkommnung im Laufe der Generationenfolgen war so effektiv und hat die Anpassung an Umweltänderungen so erleichtert, dass sich diese Strategie bei den Mehrzellern ziemlich vollständig durchgesetzt hat. So konnte entstehen, was wir heute vorfinden: Die Lebewesen, die in den entscheidenden Auseinandersetzungen mit ihrer Umwelt bestehen oder untergehen, haben nur eine begrenzte Lebensdauer. Ihr Körper geht bei manchen Arten unmittelbar nach der Vermehrungsphase zu Grunde, bei hoch entwickelten Formen dann aber auch viel später, wenn er noch sinnvolle Aufgaben für die Population übernehmen kann, wie beim Menschen.

Der Weg auf das Festland

Nun müssen wir gedanklich die Grenze vom Wasser zum Land überschreiten. Das war zwar in der Lebensentwicklung eine gewaltige Revolution, die aber wiederholt direkt oder mit dem Umweg über Brack- und Süßwasser stattgefunden hat. Denn bei allen neuen Eigenschaften, die dazu notwendig sind, bestand die Möglichkeit zu graduellen Veränderungen. Erste Voraussetzung war, dass Sauerstoff in größerer Menge aus dem Wasser in die Atmosphäre gelangte, der die UV-Belastung erträglich machte und den Tieren das Atmen ermöglichte. Der Sauerstoff, der inzwischen etwa 21 % der Luft ausmacht, ist das Produkt der pflanzlichen Photosynthese.

Ein nicht für alle Arten notwendiger, aber für den Aufbau gegliederter Lebensgemeinschaften wichtiger Schritt ist die Aufrichtung der Gestalt. Diese wurde mit der Mehrzelligkeit und der Organ-Differenzierung möglich, und die Ausbildung von Stützsubstanzen war sowieso von den Stoffkreisläufen her gut vorbereitet, ja, sie nutzt bisweilen Stoffe, die sonst ausgeschieden werden müssten. Schalen und Knochen hatten sich nicht erst unter dem Druck der neuen Aufgabe, sondern schon zur Verbesserung des Lebens im Wasser bei den entsprechenden Gruppen von Lebewesen zu entwickeln begonnen. Die wichtigsten Pioniere der Landnahme waren grüne Pflanzen. Anfänglich war nur die Besiedlung feuchter Übergangsubstrate möglich, aber schließlich konnten der innere Wassertransport und der Schutz vor Austrocknung des Körpers durch Bildung der Kutikula und Einsenkung der Spaltöffnungen schrittweise aufgebaut werden. Vor etwa 420 Millionen Jahren wurde das küstennahe Festland durch höhere Pflanzen, nämlich durch Vorläufer von Bärlapp- und Schachtelhalm-Gewächsen sowie Farnen besiedelt, die sich im Devon, das vor 410 Millionen begann, rasch weiterentwickelten. Am Beginn des Oberdevon, vor 375 Millionen Jahren, mussten sie Wäldern von Bärlapparten, Farnen und Progymnospermen Platz machen, die unter anderem ein leistungsfähiges System für den Wassertransport erworben hatten (SCHWEITZER 2003).

Auch die Steuerung des Ionen-Haushaltes war schon bekannt, seit die Lebewesen in Flussmündungen mit ausgesüßtem Wasser und auch in austrocknende Gewässer mit ihrem sehr salzreichen Wasser einzudringen begannen. Bei den Tieren kam die Ausscheidung der überschüssigen Stickstoffverbindungen und anderer Stoffe aus ihrer Nahrung erschwerend hinzu. So mussten sich die bereits existierenden Ausscheidungsorgane perfektionieren.

Als geeignete Nahrungspflanzen auf dem Festland gedeihen konnten, stiegen sehr schnell auch Tiere nach. Spätestens im Karbon hatten erste höhere und sogar erste flugfähige Tiere, z.B. Libellen, einen hinreichenden Verdunstungsschutz erworben, der in geologischen Zeiträumen ständig verbessert wurde. War ein hoch gewachsener Pflanzenbestand vorhanden, wie hier und da schon im Devon, so konnten in seinem Schutz auch empfindlichere Arten nachrücken.

Wie sich in geologischen Zeiträumen erst im Meer, dann am Land die unterschiedlichen Artengruppen bildeten und entfalteten und miteinander Lebensformationen, vom Regenwald bis zur Trockensteppe, aufbauten, die immer unabhängiger von den Bedingungen der mineralischen und klimatischen Umwelt wurden, das ist der Inhalt der Paläontologie und, bei allen verbliebenen Forschungsfragen, weitgehend bekannt. Eine detailreiche und oft verblüffende Darstellung der Entwicklung von Pflanzen und Tieren im Meer, der Besiedlung des Süßwassers, des Rückweges vom Süßwasser ins Meer (die marinen Fische stammen aus dem Süßwasser), der Eroberung des Landes und der Wanderung vom Land ins Meer gaben REMANE, STORCH & WELSCH (1976).

Die wunderbaren Umwandlungen der Baupläne mancher Tiergruppen, die nicht nur zur Aufrichtung des Körpers geführt haben, sondern zur Erfindung der verschiedensten Bewegungsarten: nach dem Schwimmen nun Gehen, Rennen, Hüpfen, Klettern und sogar Fliegen, kann als Folge von Mutationen und Auslese erklärt werden. Während das Fortschreiten von einer homologen Form eines Bauplanes zu einer anderen so gut nachvollziehbar ist, dass fehlende Zwischenformen richtig vorhergesagt wurden, kann die Entstehung der Grund-Typen mit ihren Bauplänen bisher keineswegs aus Mutationen erklärt werden. Wohl ist der Stammbaum selbst, als der Zusammenhang der ursprünglichen Formen der Stämme des Tierreichs, z.B. der Gliedertiere (zu denen die Insekten zählen) oder der Chordatiere (mit den Wirbeltieren), durch Fossilien- und Verwandtschaftsreihen sehr gut und zunehmend besser belegbar. An der Basis dieser Stämme, an den frühen Verzweigungen des Stammbaums also, geht es allerdings noch rätselhafter zu. Bisher ist nicht zu sehen, durch welche Evolutionsweisen die Frühstadien im Einzelnen entstanden sind.

Die Mobilität der Tiere

Die aktive Beweglichkeit der meisten Tiere hat eine Grundlage, die bei den Lebewesen allgemein vorhanden ist, aber bei den Pflanzen zurückgedrängt werden musste, um das vorrangige Ziel zu erreichen, sich dem Sonnenlicht entgegenzurecken. Der dafür notwendige stabile Körperbau wurde durch die Konstruktion fester Zellwände aus Zellulose und oft mit Lignin erreicht, und die Fähigkeit zur Formveränderung der Zellen konnte nicht gleichzeitig realisiert werden. Bei den Tieren aber gibt jeder Gewebeschnitt darüber Auskunft, dass feste Zellwände nicht ausgebildet sind; wohl sind manche Zelltypen insgesamt verhärtet. Durch Spezialisierung sind bei den Muskelzellen das Zusammenziehen und Ausdehnen, das durch kontraktile Eiweiße bewirkt wird, zur ausschließlichen Aufgabe im Körper geworden. Sie bilden die Voraussetzung für die Mobilität. Diese Entwicklung ist nach dem Schema von Mutation und Selektion leicht zu verstehen.

»Reisen bildet«.
Begünstigung der Evolution durch Wanderzüge

Da liegt die Frage nahe, ob der Ortswechsel für die Evolution von Bedeutung sei – und zwar nicht nur bei den Tieren. Die Frage stellt sich nämlich auch für die Pflanzen, die oft über sehr raffinierte Ausbreitungsstrategien verfügen. Die eigene Beweglichkeit der höheren Pflanzen ist zwar gering, aber sie können sich transportieren lassen. Da ist der Löwenzahn, der seine winzigen Keime, wohl verpackt und mit Segelapparat versehen, als »Pusteblumen« in den Wind hält. Da sind die Schlehen, deren Samen in Früchten untergebracht und von Vögeln gefressen, von einem Kalkhang zum nächsten wandern, während den Samen des Hufeisenklees ölreiche Körperchen angeheftet sind, weswegen sie von Ameisen eingetragen werden, aber so nur über kurze Strecken wandern. Die oft weiten und auffälligen Tierwanderungen folgen vor allem der Nahrung oder dienen der Ausbreitung. Oft werden sie durch die Änderung der Lebensverhältnisse erzwungen, besonders dramatisch bei der Verlagerung ganzer Lebensräume. Dazu kam es z.B. während des Quartärs, als in Europa Laubwaldgürtel und Nadelwaldgürtel in den Eiszeiten nach Süden verschoben und von Tundra und Kältewüste ersetzt wurden, sich in den Warmzeiten aber wieder nach Norden ausbreiteten (vgl. STEPHAN 1983).

Oft sind dabei Lebensgemeinschaften zerbrochen, und die Arten mussten sich nicht nur an verschiedene Umweltverhältnisse, sondern auch an wechselnde Partner im Ökosystem anpassen. Viele neue Eigenschaften müssen sich im Laufe solcher Wanderungen durchgesetzt haben; und die Herausforderungen, die mit einem Ortswechsel verbunden sind, haben die Evolution vorwärts getrieben. Besonders gut konnten Zuwanderer sich entfalten, wenn sie in ein Gebiet gelangt sind, in dem es zahlreiche unbesetzte ökologische Nischen gab. So hat vielleicht nur eine Finkenart die relativ frischen vulkanischen Galapagos-Inseln erreicht, wo sie sich aber zu einer differenzierten Tiergruppe entwickelte (was übrigens eine wichtige Stütze für DARWINs Theorie war).

Diese Anheizung der Evolution trifft aber nicht die wandernden Arten allein; vielmehr ändert sich dabei auch die Situation der stationären Arten im Einwanderungsgebiet. Besonders aggressive

Zuwanderer können dabei allerdings die Anpassungsfähigkeit der Stationären überfordern. Dafür gibt es aus junger Zeit Beispiele, vom Vordringen des Indischen Springkrauts über den Siegeszug des Kartoffelkäfers in Mitteleuropa bis zu den ausgesetzten Kaninchen in Neuseeland. Wir können hier auch Krankheitserreger anführen, deren Ausbreitung zu katastrophalen Epidemien geführt hat. Aber sogar am Rande solcher Aufsehen erregenden Vorgänge ist die genetische Anpassungen der meisten stationären Arten gelungen – eine große Leistung der Evolution.

Unter ungestörten, relativ gleich bleibenden Verhältnissen stellt sich dagegen oft ein stabiles Gleichgewicht ein, und die Evolution kann hier stark verzögert sein. Dies gilt besonders für extreme und isolierte Standorte, die kaum Zuzug von anderswo erhalten. So haben sich die Biozönosen der heißen Quellen der mittelozeanischen Basaltrücken seit dem Erdaltertum kaum verändert, und ihre urtümlichen einzelligen Archäa, die es schon vor den meisten anderen Einzellern gab, haben in all der Zeit nicht einmal ihren Stoffwechsel anpassen müssen.

Dagegen war es für die Koevolution der Blütenpflanzen und ihrer Bestäuber gerade wichtig, dass sie auf lange Dauer gemeinsam vorkommen konnten; denn das Verschwinden einer bestimmten Blume kann deren spezialisierte Bestäuber vernichten, und umgekehrt. Dieser Prozess hat sich offenbar weitgehend selbständig gemacht. So kann die Evolution besonders komplexer Systeme zu deren innerer Angelegenheit werden, was auch bei den Verhaltensweisen hoch entwickelter Tiere festzustellen ist (s.u.).

Für den Nachweis der Evolution der Lebewesen haben Befunde aus der Pflanzen- und Tiergeographie seit Darwins Zeiten eine große Rolle gespielt. Allerdings sind nicht die Wanderungen der Lebewesen allein für die Besiedlungskarten verantwortlich, die wir heute zeichnen können, sondern auch die Dynamik der Lebensräume, besonders die Dynamik der Erde und ihres Klimas, die wir oben (Abschnitt 3.5) schon betrachtet haben.

Über die Erd- und Klimageschichte wurde viel geforscht, denn sie hat eine besonders enge Verbindung zur Geschichte der Lebewesen, deren Reste als Fossilien in den Sedimenten eingebettet sind. Die Fossilien aber wurden von den Geologen schon lange zur Kennzeichnung der Sedimentschichten und ihrer zeitlichen Abfolge (Stratigraphie) und später auch zur Umweltanalyse benutzt. Inzwischen konnte die Stratigraphie durch absolute Altersdaten, meist aus dem Zerfall radioaktiver Elemente, ergänzt und bestätigt werden. Große Abschnitte der Evolution der Lebewesen liegen nun wie ein offenes Buch vor unseren Augen.

3.7 Die biologische Evolution und der Darwinismus

Nun sind wir von den Anfängen der Naturgeschichte bis hin zur Entwicklung der Lebewesen gelangt, wobei zahllose Details auslassen werden mussten, wie etwa die großen Katastrophen mit Verlust sehr vieler Tier- und Pflanzenarten. Es ist Zeit, daran zu erinnern, dass diese oft sehr modernen Erkenntnisse Hand in Hand gingen mit der Ausrichtung des Weltbildes auf rein neuzeitliche Denkweisen. Die fortschreitende Kenntnis der Naturgeschichte hat zusammen mit anderen Entdeckungen auf unser Denken zurückgewirkt. Aber es ist selbstverständlich, dass die Theorien, die den unerwarteten Entdeckungen folgten, selber immer wieder starken Veränderungen unterworfen waren und noch sind. So ist lebendige Forschung: sie malt uns alles andere als eine beruhigende Wissens-Landschaft, bei deren Anblick man sich zufrieden zurücklehnen kann in dem angenehmen Wahn, nun aber wirklich Bescheid zu wissen.

Bis zum Beginn der Neuzeit galten die Tier- und Pflanzenarten und der Mensch als im Wesentlichen konstant. Ihre Entstehung oder Erschaffung wurde von Mythen beschrieben, die selber aus Urzeiten heraufgekommen waren. Diese waren nicht unreflektiert, aber sie erscheinen uns immer naiv im Sinne einer fehlenden Absicherung durch konkrete Befunde. Der Philosophie war der Gedanke an eine Natur mit Geschichte aber nicht mehr fremd, und er kam vor allem dem Denken der Romantiker (besonders SCHEL-LING, um 1800) sehr entgegen. In den Naturwissenschaften selber haben die unübersehbaren Entdeckungen nach und nach zu einer Überprüfung geführt. Widerstrebend erst, schließlich immer mutiger wurden aus den Fachgebieten der Geologie und Biologie Vorstellungen entwickelt, zu denen die Konstanz der Arten nicht passte, und die Frage war eigentlich nur noch, wie denn ein Artenwandel stattgefunden haben könnte. Einige Ergebnisse dieses gemeinsamen Untersuchens und Lernens sind für unsere Frage wichtig und müssen bedacht werden. Kurz gesagt: Man versuchte zunächst, die am Mythos der Sintflut orientierte Katastrophentheorie zu modifizieren. Dann wurde klar, dass eine echte Genese stattgefunden haben musste. Diesen Begriff wandte LYELL auf die Geologie an, SPENCER, WALLACE, DARWIN und andere dann auf die Entstehung der Tier- und Pflanzenarten.

Die Ergebnisse führten zur Vorstellung einer Verwandtschaft aller Lebewesen, die auf einer gemeinsamen Entwicklung beruht, also auf einer Evolution der Lebewesen. Die Annahme einer solchen Evolution wurde durch ein erdrückendes Tatsachen-Material gestützt, und später zeigte sich sogar, dass die biologische Evolution zu einer kosmischen Evolution gehört. Evolution, das ist für uns heute die Evolution der gesamten Natur.

Der Darwinismus hatte eine Pilotfunktion

Über die fachliche Diskussion hinaus wurde diese dynamische Sicht auch für die Allgemeinheit interessant, als DARWIN 1859 eine Kausaltheorie der biologischen Evolution ausbreitete (vgl. DARWIN 1963). Sie war durch reichliches Faktenmaterial aus Fossilien, geographischen Befunden und bestehenden Verwandtschaften untermauert worden. Demnach wäre die Stammesentwicklung, auch zum Menschen hin und beim Menschen selbst, Folge des Zusammenspiels von zufälligen erblichen Veränderungen und deren Auslese. Genauer handelt es sich darum, dass sich in einer Population das Erbgut einzelner Individuen zufällig ändert – Mutationen erleidet; dass die meisten Mutationen bald verschwinden, weil sie ungünstiger sind, andere sich aber in der Population ausbreiten, weil sie ihre Träger lebens- oder doch zeugungstüchtiger machen; und dass sie sich vor allem dann ausbreiten, wenn sie, trotz ihrer Zufälligkeit, wie eine Antwort auf eine Umweltänderung wirken und damit ihrer Population zur Ausbreitung verhelfen können.

Wie schon erwähnt, hat diese Evolutionsweise in der Biologie eine solche Bedeutung gewonnen, weil die Entwicklung der Erbträger von der Entwicklung des sonstigen Körpers weitgehend abgekoppelt war, die Mutationen sich also erst im Nachhinein in der Lebenspraxis bewähren konnten, und die Lebewesen sich hierauf eingerichtet hatten. Dieser Darwinismus ist ein Ergebnis der frühen biologischen Evolution. Er ist ein hervorragendes und gänzlich unverzichtbares Mittel der Anpassung der Erbanlagen an die Umweltbedingungen überhaupt und an deren Wechsel besonders.

Es ist hier aber wichtig zu betonen, dass man ein Merkmal nur dann auf darwinistische Weise entstanden denken kann, wenn eine geeignete, in der notwendigen Richtung veränderbare Struktur vorhanden war.

DARWIN selber hat zahlreiche solcher Vorgänge entdeckt. Schließlich beruhte genau auf dem vorgeschlagenen Modell schon die Zuchtwahl, der die Erfolge der Tier- und Pflanzenzüchter zu verdanken sind. Der Darwinismus beschreibt also die biologische Entwicklung als Ergebnis des Spiels von Mutation und Auslese – nicht weniger, aber auch nicht mehr. Darwinistische Vorgänge sind in der Lebewelt allgegenwärtig. Seit der zweiten Hälfte des vorigen Jahrhunderts hat dann die Genetik, besonders konkret als Molekular- und als Populationsgenetik, die für Aminosäuren codierenden Gene als mutationsfähige Erbanlagen nachgewiesen und zugehörige Auslesemechanismen beschrieben. Danach zeigte der Darwinismus allerdings auch gewisse Unvollkommenheiten, blieb aber ein wichtiger Kristallisationskern für neue Erkenntnisse über die biologische Evolution.

Dabei ist nie zu vergessen, dass die Auslese eigentlich nur das nachfolgende Abschleifen der Produkte ist, während die Mutationen, und andere von Darwin noch nicht betrachtete Weisen (wie die erwähnte Endocytobiose), Neues und sogar Komplexeres herstellen und daher als die größeren kreativen Ereignisse Aufmerksamkeit verlangen.

Es wurde schon erwähnt, dass jeder »darwinistische« Entwicklungsschritt zwingend ein geeignetes Ausgangsmaterial voraussetzt, das in Richtung dieses Entwicklungsschrittes mutieren kann. Aber solche geeignete Ausgangsstufen konnten jene Morphologen und Systematiker, die es mit der Entstehung der grundlegenden Baupläne von Organismen zu tun haben, bisher nicht feststellen. Sie bestätigen durchaus das Fortschreiten der Evolution, aber die Kausalität dieser Makroevolution ist noch nicht enträtselt. Bei ihr geht es wohl nicht ausschließlich darwinistisch zu. Und das ist auch verständlich; denn das großartige Spiel der Sexualität mit Generationswechsel, Verdoppelung, Rekombination und Reduktion der Erbträger kann nur dann hinreichend viele lebenstüchtige Organismen erzeugen, wenn sich die Änderungen im engen Rahmen eines Typus halten. Die darwinistische Evolutionsart genügt daher für die Anpassung, ist aber bei grundlegenden Konstruktionen ergänzungsbedürftig. Und ergänzende oder sogar vorrangige Möglichkeiten der Evolution wurden bereits erwähnt.

Erweiterung des Darwinismus zur biologischen Evolutionstheorie

Die Wissenslücken sind noch zu groß für eine geschlossene Theorie der Evolution – erst recht unter den erweiterten Kenntnissen über das Erbgut. Aber es ist bereits möglich, wichtige Eckpunkte zu markieren. Da halten wir zunächst als eine Selbstverständlichkeit fest, dass sich Neuentwicklungen bewähren müssen oder wieder verschwinden. Neue Formen werden so in den Gesamthaushalt des jeweiligen Lebensraumes und in sein Artengefüge eingepasst. Dies regelt sich über den Erfolg und läuft nicht nach einem offensichtlichen Plan ab. Mehrmals hat die Entwicklung einer neuen Eigenschaft sogar die gesamte Ökosphäre in eine tiefe Krise geführt. Dies geschah bei der Abgrenzung der Zellen und dem effektiveren Stoffwechsel, die zu einer drastischen Verarmung der Ursuppe geführt haben mussten. Zu einer besonders schweren Krise führte sicher die Ausnutzung des Sonnenlichtes zur Wasserspaltung, die den für fast alle damaligen Lebewesen giftigen Sauerstoff in Ozean und Atmosphäre brachte. Sodann zeigt uns die biologische Entwicklung den Eigennutz der Gene als eine Triebkraft. Aber darüber dürfen wir nicht vergessen, wie vielfältig die gegenseitige Förderung der Organismen ist, und dass manche Gruppen gemeinsam ihren Siegeszug angetreten haben, wie die Blütenpflanzen und ihre Bestäuber, vorweg die fliegenden Insekten. Ohne gegenseitige Anpassung wäre das enge Zusammenleben von höheren Pflanzen und Pilzen in der Mykorrhiza, dieser symbiotischen Verbindung von Wurzeln und Pilzgeflecht, nicht möglich, auf der z.B. die Existenz unserer bodensauren Wälder beruht.

Und hier müssen wir nochmals die als Endocytobiose gedeutete Ausstattung aller höheren Lebensformen mit Mitochondrien und die vieler Algen und aller höheren Pflanzen mit Plastiden anführen. Die Entwicklung alles höheren Lebens beruht damit auf einem ganz anderen und doch natürlich erklärbaren Mechanismus, als dem der genetischen Mutationen.

Schließlich sind bei besonders grundlegenden Erbanlagen, die praktisch unveränderlich sind (GIBBS 2004), andere Anpassungsstrategien zu erwarten. Und dann gibt es noch offene Stellen in den Entwicklungsgängen, die wahrscheinlich prinzipiell nicht aus dem bereits Vorhandenen erklärt werden können. Hierzu gehört insbesondere die Entstehung eines Inneren Repräsentationsraumes (s.u.).

Ein ganz anderer Faktor, der bei jeder Entwicklung unangemeldet mitwirkt, ist das Material. Es ist zunächst Folge der Entwicklung, aber dann eine oft sehr prägende Bedingung für ihren Fortgang. Ein Beispiel ist das Chitin, das bei den Gliedertieren, so bei Krebsen, Spinnen und Insekten, dem weichen Körper als hartes Ektoskelett äußeren Halt gibt. Das Chitin bringt so viele neue Möglichkeiten der Gestaltung, dass es diese Tiergruppe zur artenreichsten überhaupt gemacht hat. Das wiegt den erheblichen Nachteil auf, dass diese Panzer nicht mit ihren Bewohnern wachsen und daher immer wieder abgestreift werden müssen, mit einer sehr empfindlichen, gefährdeten Phase während der Bildung und des Festwerdens der neuen Hülle. Ganz anders hat sich die Erfindung der Verknöcherung bei den Wirbeltieren ausgewirkt, die ein Endoskelett ermöglicht hat und damit das Aufrichten und die ganze Formfülle und erreichbare Größe vieler zugehöriger Landtiere. Mögen diese beiden Beispiele hier genügen.

Sowohl die allgegenwärtigen darwinistischen Phänomene, also was sich allein durch Mutation und Selektion erklären lässt, als auch ihr Fehlen bei wichtigen Weichenstellungen der Stammesentwicklung können wir durch ein Beispiel verständlich machen: Bei einer mittelalterlichen Stadt fallen uns vielleicht zunächst Innenarchitektur und Fassadengestaltung auf. Aber beide halten sich an die Möglichkeiten der verfügbaren Baustoffe und -methoden, und dazwischen stehen Statik und Architektur. Diese bestimmen den Rohbau, der dann durch seine Ausgestaltung eigentlich bewohnbar wird. Natürlich trifft das Beispiel besonders gut im Fall der Baustoffe. Was oben für die neuen Gestaltungsmöglichkeiten durch Knochengerippe und Chitinpanzer gesagt wurde, findet sein Gegenstück bei der Verwendung von Stahl und Beton in der Architektur der Moderne.

Alle diese besonderen Evolutionsstrategien beruhen auf emergenten Eigenschaften der biologischen Seinsschicht. Sie sollten uns aber nicht die Einpassung in die anorganische Welt übersehen lassen, von der wir ausgegangen waren.

Ein »*System höherer Integrationsebene [ist] aus dem niedrigeren nicht deduzierbar, so genau man dieses auch kennen möge. Wir wissen mit Sicherheit, dass höhere Systeme aus niedrigeren entstanden sind, dass sie aus ihnen aufgebaut sind und sie noch heute als Bausteine enthalten. Wir wissen auch ganz sicher, welche Vorstufen es waren, aus denen höhere Lebewesen entstanden sind. Jeder Akt des Aufbaus aber bestand aus einer ›Fulguratio‹, die sich in historischer Einmaligkeit in der Stammesgeschichte ereignete, und dieses Ereignis trug jedes Mal den Charakter des Zufälligen, wenn man will, den einer Erfindung*« (LORENZ 1979). LORENZ erklärt insbesondere, dass Systeme höherer Integrationsebenen durch Vereinigung von Strukturen entstehen können. So führt die Evolution vom simplen Nebeneinander zum komplexen Miteinander, von Ordnung zu Organisation, von Niederem zu Höherem. Auch wenn sich die Entwicklung nicht am Höheren orientiert, ereignet es sich unvermeidlich.

Wissenschaftlicher und ideologischer Darwinismus

DARWINs Lehre zieht uns keineswegs hinab, sondern er zeigt uns, dass die Evolution (trotz der Bezeichnung Deszendenztheorie) hinaufführt, wie der letzte Absatz seines Hauptwerkes zeigt (DARWIN, 1963):

»Wie anziehend ist es, ein mit verschiedenen Pflanzen bedecktes Stückchen Land zu betrachten, mit singenden Vögeln in den Büschen, mit zahlreichen Insekten, die durch die Luft schwirren, mit Würmern, die über den feuchten Erdboden kriechen, und sich dabei zu überlegen, dass alle diese so kunstvoll gebauten, so sehr verschiedenen und doch in so verzwickter Weise voneinander abhängigen Geschöpfe durch Gesetze erzeugt worden sind, die noch rings um uns wirken. Diese Gesetze, im weitesten Sinne genommen, heißen: Wachstum mit Fortpflanzung; Vererbung (die eigentlich schon in der Fortpflanzung enthalten ist); Veränderlichkeit infolge indirekter und direkter Einflüsse der Lebensbedingungen und des Gebrauchs oder Nichtgebrauchs; so rasche Vermehrung, dass sie zum Kampf ums Dasein führt und infolgedessen auch zur natürlichen Zuchtwahl, die ihrerseits wieder die Divergenz der Charaktere und das Aussterben der minder verbesserten Formen veranlasst. Aus dem Kampf der Natur, aus Hunger und Tod geht also unmittelbar das Höchste hervor, das wir uns vorstellen können: die Erzeugung immer höherer und vollkommenerer Wesen. Es ist wahrlich etwas Erhabenes um die Auffassung, dass der Schöpfer den Keim alles Lebens, das uns umgibt, nur wenigen oder gar nur einer einzigen Form eingehaucht hat und dass, während sich unsere Erde nach den Gesetzen der Schwerkraft im Kreise bewegt, aus einem so schlichten Anfang eine unendliche Zahl der schönsten und wunderbarsten Formen entstand und noch weiter entsteht.«*

Obwohl es DARWIN gelungen war, die immer häufigeren Anzeichen einer Verwandtschaft der Lebewesen zusammenzuführen und er eine, wenn auch noch unvollständige, Deutung anbieten konnte, und obwohl dies von vielen Kennern der Naturphänomene begeistert aufgenommen wurde, bekam er alsbald herbe Kritik zu spüren.

Die meisten Kritiker DARWINs fanden vor allem die Verwandtschaft mit den Tieren widerwärtig, insbesondere mit den Affen. Dies um so mehr, als im Lager der Darwinisten der Sprung vom Tier zum Menschen meist mit Fleiß als gering, ja als eine Bagatelle dargestellt wurde und teils noch wird.

Einigen Kritikern galt die Konstanz der Arten als unumstößliches Dogma, das manchmal mit biologischen Hilfskonstruktionen wie der Katastrophentheorie mehr schlecht als recht gegen die fossilen Zeugnisse der Entwicklung abgestützt wurde. So weit es sich um Theologen handelte, ist ihre Zurückhaltung zu verstehen, und ein Protest gegen den zu weit reichenden Erklärungsanspruch war wohl auch nicht unangemessen. Die Theorie war ganz neu, ihre Mängel bei der tieferen Erklärung des Evolutionsgeschehens waren spürbar, und irgendeine Verbindung zum bisherigen Weltbild wurde nicht angeboten. Doch konstruktives Nachdenken und Verbesserungen an der Theorie selbst führten zu anfangs zaghaften Versuchen, die Evolutionstheorie auch für die Theologie annehmbar und sogar fruchtbar zu machen. Zugleich brachte die tiefere moderne Beschäftigung mit den Texten der Bibel deren differenzierte Auslegung hervor, insbesondere durch die Trennung der alten, zwischen Ägypten und Mesopotamien schon immer heimischen Schöpfungsmythen von der darin ausgedrückten Theologie, die Unterscheidung der Literaturgattungen und die Beachtung des jeweiligen »Sitzes im Leben«. Mit TEILHARD DE CHARDIN fand die Evolution ihren Eingang in die Theologie, und es dauerte nur wenige Jahrzehnte, nämlich bis zum 2. Vatikanischen Konzil, dass Evolution z.B. in der katholischen Kirche als Denkmöglichkeit akzeptiert wurde. Ein Beharren auf der Konstanz der Arten ist heute nur noch bei Fundamentalisten zu beobachten. So hatte theologisches Nachsinnen in kurzer Zeit mit den zunächst ganz unerwarteten und unverdaulichen Vorgaben der Naturwissenschaften (die im eigenen Bereich noch umstritten waren) umzugehen gelernt und versucht nun energisch, die Einheit des Weltbildes wieder herzustellen – denn es kann ja nur eine Wahrheit geben. Das ist eine respektable Leistung.

Nicht gegen DARWIN, aber gegen viele seiner Epigonen haben sich Kritiker zu wehren, die den Glauben an eine Natur ohne Öffnung, ohne Freiheit außer der des Zufalls und abgeschlossen in ihren Möglichkeiten, keineswegs als annehmbar ansehen. Sie haben keinen Anlass, jede Transzendenz auszuschließen. Für viele Darwinisten war und ist dagegen der streng abgeschlossene Charakter der Natur eine ausgemachte Sache, so als ob das irgendwie nachgewiesen sei. Sie fürchten jede mögliche Offenheit nicht nur gegen einen Schöpfer-Gott, sondern auch gegen die schöpferische Tätigkeit des freien Menschen-Willens. Einige beschreiben heute noch in HAECKELscher Tradition aggressiv und hochmütig den Darwinismus als Sieg über Schöpfungsvermutung und Gottesglaube, z.B. SCHMITZ & THISSEN (2000).

Der Darwinismus ist nicht ohne Weiteres auf eine höhere Seinsschicht übertragbar

Ein ideologisch zementierter und aus seinem Kontext herausgelöster Darwinismus maßt sich inzwischen eine Erklärungsvollmacht an, die weit über die Biologie hinaus reicht. Er gebar den Sozialdarwinismus, der vor-menschliches Verhalten als die einzige Grundlage menschlichen Handelns und menschlicher Gesellschaft ansieht, vermeintliche Hyperphänomene entlarven und Gesellschaft und Ökonomie von moralischen Ansprüchen befreien möchte, und der damit dem Kapitalismus eine zweckmäßige Ideologie liefert. Diese ins Zentrum der Anthropologie eingefügte Spielart des Darwinismus hat die Grenzen ihrer Geltung weit überschritten.

Versuchen wir, den Übertreibungen und Verletzungen der Geltungsgrenzen des Darwinismus auf den Grund zu gehen, so kommen wir immer wieder zu dem gleichen Denkfehler. Dass sich alles Neue in die vorhandene Welt einzufügen hat, ist zwar eine Selbstverständlichkeit. Nach DARWIN setzt aber diese Auslese an den Neuerungen an. Seien es nun die darwinistischen zufälligen Mutationen oder andersartige Neuerungen (s.o.), sie müssen auftreten, ehe sie ausgelesen werden und sich durchsetzen können. Es ist ein unverzeihlicher methodischer Fehler, wenn jemand eine Eigenschaft allein wegen ihres Nutzens als darwinistisch erklärt, ohne ihr spontanes Auftreten nachzuweisen! Dieser Fehler zeigt sich oft und lässt sich auch weit ins populäre Schrifttum hinein verfolgen. Solche voreiligen Schlüsse sind es, die den wissenschaftlichen Fortschritt behindern, die Evolutionstheorie um ihren guten Ruf bringen und vor allem Schaden im praktischen Denken anrichten.

Inzwischen ist der Geltungsbereich der rein biologischen Evolution abgesteckt, und der Darwinismus ist durch die Kenntnis weiterer wesentlicher Evolutionsstrategien ergänzt worden (s.o.). Man hat wichtige emergente Eigenschaften insbesondere der menschlichen Seinsstufe entdeckt oder auch wiederentdeckt und versteht ihr Wechselspiel mit den durchaus auch weiterhin existierenden biologischen Mechanismen besser. Bei Beachtung der Geltungsgrenzen des Darwinismus gibt es in beiden Richtungen keinen Grund für Polemik.

3.8 Die Tiere: Verhalten und Sozialisierung

Wir folgen nun weiter der Evolution zum Menschen hin. Dafür ist es nicht notwendig, den Stammbaum der Lebewesen mit seinen breiten Ästen und auch den früh endenden Zweigen sowie dem noch immer nebelhaften Wurzelbereich darzustellen. Unser eigener dicker Ast sind die Tiere, mehrzellige, mobile Eucarya in kaum beschreibbarer Formenfülle. Im Meer sind sie entstanden, aber sie sind als Verzehrer grüner Pflanzen spätestens direkt nach diesen aufs Festland gegangen, vielleicht sogar schon vor ihnen als Verzehrer gestrandeter Lebewesen. Von all ihren Zweigen, mit den chitin-ummantelten Gliedertieren als artenreichstem, führt natürlich nur einer zum Menschen – der Zweig der Chorda-Tiere mit den Wirbeltieren. Allein bei den Wirbeltieren halten wir nun Ausschau nach Eigenschaften, die auch bei uns selber eine Rolle spielen und im Tierreich unvermischt untersucht werden können, nämlich, ohne gegen die exklusiven menschlichen Eigenschaften abgegrenzt werden zu müssen, was beim Menschen selber so schwer ist. Wir schauen uns also die Tiere an, um die Menschen besser zu verstehen. Das bedeutet aber keineswegs, dass Tiere schon alles hätten, was Menschen zu Menschen macht.

Dabei konzentrieren wir uns auf das V e r h a l t e n und beschränken uns weitgehend auf die eindringlichen Publikationen aus den ersten Jahrzehnten der Verhaltenskunde – als die Lebensäußerungen der Tiere das Interesse beherrschten und die Auseinandersetzung mit Behavioristen und Neurophysiologen noch keine große Rolle spielte.

Am Anfang des 20. Jahrhunderts entdeckte HEINROTH, dass bei den Tieren das Verhalten aus einzelnen Elementen aufgebaut ist, analog der Zusammensetzung des Körpers aus den Organen. Besonders bei Vögeln und Fischen hat er diese Bestandteile des Verhaltens und ihre Zusammenstellung zu Verhaltensmustern im Detail beobachten können und damit die vergleichende Verhaltenskunde oder Ethologie begründet. Er hat begonnen, in Zuchtversuchen sogar den Erbgang dieser Verhaltensmuster zu untersuchen, was dann von LORENZ und dessen Schülern im großen Stil fortgesetzt worden ist. Tatsächlich, das Verhalten der Tiere ist modular aufgebaut – und die Module verhalten sich wie Körperteile; wie in der Morphologie kann man auch in der Ethologie die Homologie oder Analogie von »Organen«, nämlich von Verhaltensmustern studieren. Allerdings spielt sich hier stärker in der Zeit ab, was sich am Körper in den drei Dimensionen des Raumes darbietet; und das erschwert die Untersuchung sehr. Hier ist ein Fortschritt zu erhoffen, wenn die Untersuchung jener Gene fortschreitet, die andere Erbanlagen an- und abschalten, also ihre Dynamik bestimmen. Am Verhalten der Tiere sind neben unmittelbaren Reaktionen sowohl ererbte Verhaltensmuster, als auch erlerntes, insbesondere nachgeahmtes Verhalten beteiligt. Wie bei den Bauelementen des Körpers sorgt auch bei seinen Verhaltensmustern die Notwendigkeit, das Dasein zu bestehen, also die Auslese, schließlich für die Einheit im Lebewesen.

Hier begegnet uns wieder jener Grundzug der Evolution, den wir schon kennen gelernt haben: Alte und neuartige Strukturen arbeiten miteinander in sinnvoller Arbeitsteilung. Wie im Körper von Tier und Mensch vereinigen sich auch im Verhalten Elemente unterschiedlicher Entwicklungsstufen. In dieser Tatsache, die wir bei unserem eigenen Verhalten so schlecht akzeptieren können, äußert sich eine der Strategien der Evolution. Man kann sie nicht ausschalten, sondern muss lernen, mit den Folgen umzugehen. Auch das ist beim Verhalten der Tiere ähnlich. Es ist interessant, wie sich erst einfache starre und dann zunehmend flexiblere Verhaltens-Elemente entwickeln; vor allem aber scheinen die neueren, flexibleren Elemente im Zusammenspiel Aufgaben der Integration zu übernehmen.

Oft übersehen: Innerlichkeit und Ausdruck

Die Evolution zu und bei den Lebewesen hat viel Neues gebracht. Nur was als Vorbereitung zum spezifisch Menschlichen wichtig erscheint, wird hier vorgetragen. Dazu gehört eine vergessene Dimension der Biologie, auf die der Zoologe und Anthropologe ADOLF PORTMANN in seinen Werken aufmerksam gemacht hat. Er hat sie mit den zusammengehörenden Begriffen Innerlichkeit und Ausdruck umschrieben. Der Reichtum der Pflanzen und Tiere an Formen, Farben und anderen Ausdrucksmitteln ist überwältigend, er schöpft aus den mit der Evolution wachsenden Möglichkeiten von Baustoffen und Bauplänen. Zwar geht das Leben sonst mit Substanzen und Energien in kleinlicher Sparsamkeit um, doch bei den Ausdrucksmitteln leistet es sich reinsten Luxus. Da dies aber beinahe am Energiehaushalt vorbei geschieht und, vergleichbar unseren Künsten, der Effekt vom materiellen Aufwand kaum abhängig ist, kommt diese ganze Formenfülle nur selten in den Blick der Wissenschaftler (was Naturfreunde etwas abstoßend finden). Mit Büchern wie »Die Tiergestalt« hat PORTMANN (1948) diese vernachlässigte Seite des Lebens beleuchtet.

Luxuriöse Ausstattung begleitete die Entwicklung des Lebens immer, wenn ein entsprechendes Baumaterial vorhanden war. Man geht kaum fehl, wenn man von irgendeiner Möglichkeit der Gestaltung auf ihre Realisierung schließt. Die Nützlichkeit treibt das Spiel der Gestaltung nicht an, sondern setzt eher die Grenzen, indem sie eine wesentliche Herabsetzung der Lebenschancen auf Dauer nicht erlaubt. Und es handelt sich mitunter auch um Gestalten, die von niemandem im Lebensraum wahrgenommen werden. Als Beispiel sei an die künstlerischen Formen der Radiolarien-Schalen erinnert, die im Leben vom Plasma umflossen und daher verdeckt sind; an die für Geologen so hilfreichen Zeitmarken der einander ablösenden Gestalten bei den Brachyopoden-Schalen; und auch noch an die skulpturierten Pollen-Exinen bei den Blütenpflanzen, die ohne Vorbehandlung schwer kenntlich sind, nach Acetolyse im Labor aber die Bestimmung der Pollenspender bis zur Familie und manchmal bis zur Art erlauben, was für die Blüte im Detail ebenso uninteressant ist wie für das bestäubende Insekt.

Nach PORTMANN (1964) erfordert ein Verständnis für das Sozialleben der Tiere wenigstens die »*Ahnung vom inneren Zustand, von der geheimnisvollen Innerlichkeit, die das tierische Leben auszeichnet, die so schwer zugänglich ist und in die wir doch hineinblicken müssen*«. Er sieht das Leben als die Erscheinung eines Inneren im Äußeren. Und bei den Tieren ist die Verhaltenskunde gezwungen, den darstellenden Wert der Gestaltmerkmale im Rahmen des Zusammenlebens zu beachten. »*Darstellungswert – über alle rein erhaltenden Funktionen hinausgehender Sinn – kommt der ganzen Erscheinung zu. Sobald ein Organ ... in den Bereich des Äußeren, also in eine auf Sinne wirkende Sphäre des «Erscheinens» gerät, so untersteht es ... neuen Regeln der Gestaltung, die nur in dem den Sinnen zugänglichen Bereich gelten. Zu diesen «Äußerungen» gehören auch alle sozialen Manifestationen im Verhalten der Individuen*« (PORTMANN 1964).

Leben als Erkenntnis liefernder Prozess

Durchaus ungewohnt war es, als im Zusammenhang mit den Leistungen von Pflanzen und Tieren von Erkenntnis gesprochen wurde; obwohl es doch andererseits offensichtlich ist, dass sich die Lebewesen in ihrer Umwelt orientieren und dafür zunehmend mehr Objekte erkennen. Diese Arbeit, die bei denkenden Wesen als hypothetischer Realismus zu benennen wäre, kann bei ursprünglicheren Wesen nur durch Mutation und Auslese genetisch fixierter Strukturen und Verhaltensweisen geleistet werden. Die zugehörige genetische Ausstattung wird als ratiomorpher Apparat bezeichnet, weil ihre Leistung der Vernunft analog ist. Dadurch, dass da »das Leben« in großem Stil Kenntnisse über die regelmäßigen Phänomene der Umwelt sammelt, wird der Anteil der Umgebung an der biologischen Evolution sehr, sehr groß. KONRAD LORENZ, der zusammen mit seinen Schülern hier Pionierarbeit geleistet hat, fasst dies bis hinauf zum Menschen in seinem »*Versuch einer Naturgeschichte menschlichen Erkennens*« zusammen (LORENZ 1979), aus dem wir schon im Zusammenhang mit den emergenten Eigenschaften zitiert hatten. Er und seine Schüler haben in der Biologie nach Erkenntnisprozessen gesucht und eine ganze Stufenfolge aufeinander aufbauender Fähigkeiten entdeckt. Wir verdanken ihnen Richtung weisende Untersuchungen über die Evolution der Vernunft (z.B. RIEDL 1980). Die fortschreitenden Stufen im Erkennen verschiedener Gegebenheiten der Umwelt und in ihrem Mitteilen sind wichtige Wegmarken in der Evolution der Tiere und schließlich des Menschen, bei dem dann als neue Stufe das Festhalten des Gelernten auf äußeren Medien wie Bild und Schrift hinzutritt.

Erkenntnis setzt Erkennbares voraus, und das ist in der Natur regelmäßig anzutreffen, während rein zufallsverteilte Ereignisse in der freien Natur äußerst selten vorkommen (LORENZ 1979). Die Ausbildung bedingter Reaktionen und das kausale Denken sind Anpassungen an dieselbe Realität, beide ermöglichen dem Organismus lebenswichtige Vorbereitungen.

Die biologische Evolution brachte zwar spektakuläre Ergebnisse hervor, brauchte dazu aber Jahrtausende bis Jahrmillionen; nur gelegentlich konnten kleinere Anpassungen auch schnell gehen. So hat die farbliche Anpassung der ehemals weißen Birkenspanner-Falter an verrußte Birkenstämme durch Auslese der dunklen Varianten nur wenige Jahrzehnte benötigt. Genetisch lernt es sich sonst sehr langsam. Dem einzelnen Individuum kam da schon früh die sich entwickelnde Lernfähigkeit zu Hilfe. Lernen ging schnell. Es diente zwar zunächst vorwiegend einem einzigen Individuum, doch wurden die erlernten Fähigkeit oft von den anderen nachgeahmt.

Auf einer höheren Entwicklungsstufe wurde den Tieren ein Innerer Vorstellungsraum gegeben, und nun ließ sich die Außenwelt gedanklich repräsentieren. Reaktionen konnten vor aller Praxis gefahrlos im eigenen Gehirn durchgespielt werden. RIEDL (1980) schreibt geradezu, die Selektion habe das Bewusstsein durchgesetzt, und zwar »*durch die enormen Vorteile, die es bietet, nämlich einen Versuch zunächst im ›zentral repräsentierten Raum‹, im Denken, prüfen zu können, ohne bei jedem Irrtum sogleich die eigene Haut riskieren zu müssen*«. Leider bleibt er uns den Nachweis einer geeigneten Mutationsmöglichkeit oder eines geeigneten Grundmaterials schuldig, an dem diese Selektion hätte ansetzen können.

Parallel dazu hatte sich im Schoße des allgemeinen Ausdrucksgeschehens die Fähigkeit herausgebildet, Wünsche und Erfahrungen mitzuteilen und solche Mitteilungen der anderen auch zu deuten. Kommunikation erfordert immer die gleichlaufende Entwicklung des Sendens und Empfangens. Waren es zunächst chemische Signale, so wurden nach und nach auch alle anderen Ausdrucksmöglichkeiten des Körpers in den Dienst der Kommunikation genommen und schließlich sogar geeignete Gegenstände der Außenwelt eingesetzt, z.B. Farbstoffe. Aus der Lernfähigkeit des Einzelwesens und dem gegenseitigen Austausch wurde soziales Lernen, und damit war, und das schon im Tierreich, der Weg zur Bildung von Traditionen und Kulturen vorgezeichnet.

Einige der Grundzüge des Verhaltens und des Soziallebens höherer Tiere

Wir bleiben zunächst noch bei den Lebensäußerungen hoch entwickelter Tiere. Fremd genug erscheinen sie uns – obwohl die gleichen uralten Mechanismen auch noch beim menschlichen Verhalten nachweisbar sind. Diese Grundlagen des eigenen Verhaltens waren uns lange aus gutem Grund verborgen. Sie sind nämlich für komplizierte Prozesse zuständig, die nur im Hintergrund und ungestört vom Denken schnell und sicher genug ablaufen können. Aber für unser Weltbild stellt ihre Aufdeckung durch die zoologische Verhaltenskunde eine wichtige Bereicherung aus neuester Zeit dar. Jede Verbesserung der Selbst- und Menschenkenntnis ist schließlich für das verantwortliche Leben mündiger Menschen wichtig. Über die mit der Menschwerdung verbundenen Lockerungen wird später berichtet.

Die meisten Triebhandlungen bei Tieren sind keineswegs primär Reflexe auf bestimmte Situationen. Vielmehr beginnen sie spontan, endogen, nach einer genetisch verankerten Agenda, und sie würden in sinnvoll festgelegten Abständen einfach so und immer wieder ablaufen, stünden sie nicht unter Hemmung durch übergeordnete nervöse Instanzen (LORENZ 1979). Was der Verhaltenskundler also bei jeder Triebhandlung vor allem zu untersuchen hat, ist die Enthemmung der ersten Teilhandlung. Dabei stellt er fest, dass die zugehörige Reizschwelle mit der Zeit gesetzmäßig absinkt, die zur Auslösung notwendigen äußeren Reize zunehmend unspezifischer werden und schließlich sogar entfallen können. Das Lauern einer Triebhandlung auf ihren Auslöser wird als Appetenz bezeichnet. Am anderen Ende der Kette steht eine Trieb-Befriedigung, ein Erfolg. Dieser Erfolg wurde in der Evolution zu einem Signal für die Verwendbarkeit einer solchen Handlungskette. Sein Eintreten oder Ausbleiben regelt das Ausprobieren, das An- oder Abgewöhnen neuer Handlungsketten, also das Lernen. Damit besteht die gesamte Triebhandlung »*aus Appetenzverhalten, Ansprechen eines angeborenen Auslösemechanismus und dem Ablauf einer genetisch programmierten Verhaltensfolge mit schließlichem Erreichen einer triebbefriedigenden Endsituation. Diese ... Kette ist die Grundlage, auf der alles Lernen durch Erfolg und Misserfolg ... entstanden ist. ... [Das Leben] erhält ungeahnte neue Systemeigenschaften durch die im wahrsten Sinne des Wortes epochemachende ›Erfindung‹, den Enderfolg des Ablaufes modifizierend auf die ihn einleitenden Verhaltensweisen rückwirken zu lassen*« (LORENZ 1979).

Auch diese Fähigkeit zur Rückkopplung gehört zu den emergenten Eigenschaften. Auf der evolutionären Seite dieser Phänomene wurden Schritt für Schritt, oft in nachvollziehbarer Weise, Verhaltenselemente zusammengeschaltet, manchmal verändert und umgewidmet und, bis auf den Start der Kaskade, weitgehend automatisiert. Dabei wurde der Startvorgang nach seiner Art und auch nach seinen Wartezeiten durch Erfolg und Misserfolg zunehmend optimiert, und seine Physiologie (Reizbarkeit) und Psychologie (Appetenz-Verhalten) wurden genetisch verankert. Und das gerade ist der biologische Lernprozess, der einer Triebhandlung ihre Bedeutung im Leben von Tier und Mensch zuweist.

Was uns so seltsam anmutet, das entspricht übrigens durchaus einem Stil, der bei den Tieren die ganze individuelle Entwicklung beherrscht: Auch zahlreiche körperliche Erbanlagen stehen unter Hemmung und werden nur aktiviert (»exprimiert«), wenn und wo es vom Bauplan her richtig oder von der Lebenssituation her notwendig ist. Das ist schon durch die großen entwicklungsphysiologischen Experimente der ersten Hälfte des 20. Jahrhunderts erkannt worden.

Die Triebhandlungen werden in unterschiedlichem Maße durch individuelles Lernen modifiziert. Überaus stark wird die Verknüpfung einer Vermeidungs-Reaktion mit dem Anblick eines Feindes, wenn dieser einmal traumatisch erlebt wird. Eine besondere Art dieses Lernens ist sodann die Prägung, die bestimmten Triebhandlungen ein Objekt fest zuordnet. Bekanntes Beispiel ist die Prägung bestimmter Jungvögel auf das erste, mit ganz wenigen notwendigen Eigenschaften versehene Objekt, das es zu sehen bekommt – in der Natur eigentlich immer ein Elterntier. Und jeder Biologe denkt dabei an KONRAD LORENZ, dem auf diese Weise für längere Zeit alle Verpflichtungen einer Graugans-Mutter zugewachsen waren.

Mit einiger Übung im Nachspüren der Evolution wundern wir uns nicht, wenn PORTMANN (1964) das Überindividuelle als primär betrachtet und ihm *das Individuum als das Rätselhaftere im Ganzen des Lebendigen erscheint*. Wie aber ist das Verhalten beschaffen, das ein Individuum in das Leben drum herum einfügt – und wie mag es im Laufe der Naturgeschichte aufgetaucht sein? Die vergleichende Verhaltenskunde hat dazu reiches Material gefunden, von dem vieles überrascht, wenn man zum ersten Mal davon hört.

Dabei gibt es *kaum eine elementare Leistung des tierischen Körpers, ... die nicht bei höheren Weisen der Lebensführung auch in den Dienst irgendwelcher sozialer Beziehungen treten könnte* (PORTMANN 1964). Parallel zu einem solchen Funktionswechsel, der zur Entwicklung eines Organs der Kundgabe oder Wahrnehmung führt (wobei z.B. die Bestandteile des Kiefergelenks zu Gehörknöchelchen werden konnten), geht eine erhebliche Gehirnentwicklung vor sich. Denn es ist das Gehirn (und teils schon das Rückenmark), in dem physikalische und chemische Reize als Qualitäten der Welt oder Zustände des eigenen Körpers interpretiert werden. Und auf diese Weise bekommt auch die Erscheinung des Tieres bzw. bekommen gewisse Elemente der Erscheinung Bedeutung, wenn sie während der Evolution mit einem entsprechenden Verhaltensmuster verknüpft werden. Als Beispiel können die weißen Nackenfedern gelten, mit denen sich der Nachtreiher seinen Jungen zu erkennen gibt.

Grundbedingung des sozialen Lebens ist die Zuwendung der

Individuen zueinander. Was zwischen den Individuen einer Art geschieht, ist meist durch komplizierte Verhaltensformen geregelt. Dagegen lässt das Verhalten gegenüber Artfremden vorwiegend eine erstaunliche Gleichgültigkeit sehen und erscheint selbst bei der Jagd eher sachlich als aggressiv. PORTMANN stellt klar, dass die Artgenossen erst mit Hilfe besonderer Instrumente wie der Prägung erkannt werden müssen, bevor auch die Zuwendung und schließlich »*Entzweiungen und Rivalitäten, Kämpfe oder Über- und Unterordnungen möglich*« sind.

Auch er sieht in jedem Verhalten ein Mosaik und weist darauf hin, dass die flexiblen, des Lernens bedürftigen Komponenten in ihrer individuellen Variabilität die immer wieder notwendigen Anpassungen an die Wechselfälle des Lebens erleichtern.

Dies alles ist auch in ganz anderen Zweigen des Stammbaums der Tiere zu beobachten. BAEREND hat bei Sandwespen, deren Automaten-ähnliches Verhalten bereits bekannt war, Aktivitäten entdeckt, denen gar kein starres Verhaltensschema zu Grunde liegt. Diese Tiere legen ihre Eier an gelähmte Raupen in ein verschlossenes Nest, besuchen dieses und bringen gegebenenfalls neues Futter, wobei der Ablauf eng gesteuert und das Tier leicht zu täuschen ist. Zwischen solchen Besuchen finden aber Besuche statt, bei denen sich die Sandwespe ganz anders verhält, sogenannte Inspektions-Besuche. Da interessiert sie sich für den Nestzustand und zieht Schlüsse, die das weitere Verhalten umstimmen können – für ein kleines Insektenhirn eine völlig unerwartete Leistung (PORTMANN 1964). Zunächst das erwartete einsichtslose Verhalten - und dann etwas, das man als einsichtig bezeichnen muss.

Einen weiteren Hinweis auf bewusstes Wahrnehmen findet PORTMANN bei den nachahmenden Sängern unter den Vögeln. Dieses Nachahmen setzt ja ein bewusstes Hören und »*volles Gewahrsein*« voraus, dem sich dann eine entsprechende Anpassung auch der motorischen Nervenverbindungen angeschlossen haben muss.

Betonung legt PORTMANN auf die inneren Zustände, die Stimmungen der Tiere, die wir aus der Erscheinung erschließen, und die uns etwas von der Innerlichkeit merken lassen. Die Stimmung bewirkt eine Ordnung, ein »*zeitlich beschränktes Zusammenwirken vieler innerer Vorgänge im Dienste eines einheitlichen Leistungsspieles*« (PORTMANN 1964). Die Stimmungen repräsentieren das jeweils ganzheitliche Verhalten eines Tieres, scheinen aber keine eigene Evolution zu haben. Wohl dürfte die Entwicklung bestimmter Verhaltensmuster durch die damit möglichen Stimmungen beeinflusst werden. Die Verhaltensmuster der Einzeltiere bilden zugleich das Instrumentarium des Sozialebens, in dessen Vollzug sie erst ihre volle Vitalität und Eigenart entfalten. Dabei werden die Individuen, und das ist die andere Seite der Medaille, auf eine Rolle im gemeinsamen Spiel beschränkt und in ihren Äußerungen mehr oder weniger festgelegt. Ein höheres und soziales Tier ist allein irgendwie unvollständig, die Gemeinschaft repräsentiert die Art im Lebensvollzug, wie die Population hinsichtlich der Vererbung. Noch stärker als bei der Entwicklung des Bauplanes ist unsere Kenntnis der Evolution des Verhaltens auf engere systematische Einheiten beschränkt, wo sich erwartungsgemäß Veränderungen und Auslese der einzelnen Elemente des genetisch verankerten Verhaltens vollzogen haben. Dass zur Evolution von Verhaltens-Merkmalen entsprechende Änderungen in der Erlebnissphäre des Tieres, also in seiner Innerlichkeit, der Art seiner Welterfahrung und seiner Begegnungen gehört, betont wiederum PORTMANN (1964). Gerade durch die sozialen Lebensformen muss die Innerlichkeit eine große Bereicherung erfahren. Mindestens empfängt das Individuum durch die Gemeinschaft Reize, und zwar meist erwartete Reize, die den Lebensablauf strukturieren helfen. PORTMANN weist drauf hin, dass auch für das soziale Wesen Mensch eine soziale Erfüllung der Zeit, und sei es in abgewandelter Form, notwendig ist und Langeweile als bedrohlich erlebt wird. Mit der Differenzierung der Gemeinschaft wächst für das Einzelwesen der Zwang zur Einordnung, aber auch sein Beziehungsreichtum. Diese Einbettung in eine Gemeinschaft ist oft auf bestimmte Lebensphasen beschränkt; aber bei den Säugetieren, aus denen der Mensch erwachsen ist, würde das Austragen der Jungen im Mutterleib wenigstens prinzipiell den ständigen Verbleib in der Gruppe erlauben.

Bei höher organisierten Tieren spielt das Sozialleben im Vergleich zur Auseinandersetzung mit der übrigen Umwelt eine immer größere Rolle. Da beobachtet man Emotionen fast nur beim Umgang mit Artgenossen, mit den Sozialpartnern. Wenn Emotionen doch einmal artfremde Lebewesen treffen, so meist zur Abreaktion unbefriedigter Appetenzen, bei Übersprunghandlungen. Innerhalb der Gemeinschaft trifft man zunächst auf Aktivitäten zur gegenseitigen Hilfe. Andererseits haben auch Konkurrenzverhalten und Aggression zwischen Tieren derselben Art nachweislich oft einen hohen biologischen Wert. Der Bestand von Populationen, in denen die vorhandenen Waffen und Tod bringenden Verhaltensweisen ungehemmt zum Ausleben der Aggressionen eingesetzt werden, wäre jedoch stark gefährdet. Dem entsprechend hat die Auslese schützende Verhaltensweisen durchgesetzt.

Rituale

Als wichtige Instrumente zur Abwendung solcher Gefahren haben sich in der Evolution Rituale ausgebildet. Das sind erblich festgelegte und oft sogar mit besonderen körperlichen Strukturen verbundene Verhaltensweisen, deren Bedeutung bei allen beteiligten Individuen verstanden wird. Solche genetisch abgesicherten Spielregeln ermöglichen im Fall der Aggression ein imponierendes, aber entschärftes Abreagieren und ein eher spielerisches Messen der Kräfte. Auch für andere Zwecke, besonders bei der Vorbereitung der Paarung, sind Verhaltensweisen, die primär einen anderen Zweck hatten, umgewidmet, abgeändert und ritualisiert worden. Den gleichen Sinn haben übrigens auch der Erwerb getrennter Territorien und eine soziale Rangordnung. *»Als gemeinsame Triebrichtungen, die ritual bei Mensch und Tier gebändigt sind, finden wir den Sozialtrieb, die Aggressionstendenzen, den Fortpflanzungstrieb, die Brutpflegetriebe.«* *»Die Bedeutung des Rituals für die Synchronisation der Stimmungen ist eine ganz allgemeine für alles höhere Leben und geht über die Schranke Tier-Mensch hinweg«* (PORTMANN 1964). Nach LORENZ (1979) bilden die ritualisierten Verhaltensweisen, die bei höheren sozialen Lebewesen der Kommunikation und der Motivation sozialer Lebensweisen dienen, ein festes, wenn auch regulierbares ganzheitliches System, das die soziale Struktur der Art trägt. Die ritualisierten Signale, und genau so auch kulturelle Symbole, beginnen sich zu entwickeln, wenn »*ein Artgenosse Verständnis für jene Bewegungsweisen ausbildet, die das alsbald folgende Verhalten des Artgenossen voraussagen lassen*«.

Formen der sozialen Bindung

Die Gemeinschaften lassen sich nach der Art ihrer Bindung einteilen. Höhere Bindungsformen haben sich in verschiedenen Stämmen des Tierreiches entwickelt, wobei die höchste Form nur bei wenigen Vögeln und Säugetieren erreicht zu sein scheint. LORENZ (1963) nennt 1. Die anonyme Schar, in der Tiere auf auslösende Reize mit Zuwendung reagieren. 2. Beziehungen ohne persönliche Bindung, z.B. durch das gemeinsame Nest (wie beim Storch). 3. Gesellschaften mit Bindung durch gleichen und Trennung durch verschiedenen Geruch, mit ausgeprägtem Parteihass z.B. bei Ratten. 4. die Gruppe, die auf persönlichem Kennen und auf dem Band der Freundschaft beruht. LORENZ beschreibt diese 4. Bindungsform bei Graugänsen, was uns zeigt, dass sie bei aller Seltenheit kein Privileg unserer nächsten Verwandten ist. Zusammenfassend zitieren wir PORTMANN (1964): »*Die höhere Tierart ist primär in ihrer ganzen Lebensform sozial; ihre Sozialgestalt ist daher in allen einzelnen Merkmalen stets mehr als eine Summe individueller Verhaltensweisen: sie ist selbst wesentliches Artmerkmal und hat als solches ihre besondere morphologische Wertigkeit.*«

Die Entwicklung des Verhaltens führt demnach in verschiedenen Tierstämmen zu sehr hoch entwickelten Formen. Es führt nicht etwa ein einzelner, einziger Weg zu der Entwicklungsstufe, die schließlich über einen offensichtlichen Qualitätssprung beim Menschen erreicht ist, sondern die Fähigkeit zur Höherentwicklung des Verhaltens war in mehreren Zweigen des Stammbaumes gegeben. Aber die Höherentwicklung einzelner Elemente ist eine Sache, die Zusammenführung aller notwendigen Elemente eine andere. Darüber wird im nächsten Kapitel zu schreiben sein. Vorher aber wollen wir nicht vergessen, das hervorzuheben, was schon im Tierreich die Befreiung des Geistes andeutet, und auch noch einen zusammenfassenden Blick auf die Besonderheiten der biologischen Evolution werfen.

Kleine Gestaltungsfreiheiten für Tiere

Wie sich das Verhalten schon bei Tieren über den momentanen Antrieb hinaus erheben kann, zeigt sich im folgenden Beispiel:

Gewiss wird das Rotkehlchen zum Singen seiner Strophen genetisch angestiftet. Die Rotkehlchen-Population steht sich besser in abgesteckten Revieren mit Demonstration der Anwesenheit. Diese Veranstaltung wird gefördert durch die Tradition des Gesanges, und so wird das ererbte Verhalten durch die Gruppentradition ergänzt. Soweit der darwinistische Aspekt. Gerade das Rotkehlchen wird aber nicht nur durch kalten inneren Zwang zum wiederholten Absingen der Strophen gezwungen (das gibt es natürlich auch); sondern der kleine Vogel hört seinem Lied hinterher, nimmt es verändernd wieder auf und singt die Abwandlung mit sichtlicher Freude hinaus. Der Vogel spürt mehr als nur den Zwang zur Präsentation, er erlebt seinen Gesang als solchen – er weiß darum. Es ist außer mir noch manchem Hobbygärtner passiert, dass im Winter das Rotkehlchen, für das ja nicht viel los ist, Gesellschaft sucht. Es fliegt ganz nahe in einen Strauch, und wenn du ihm dann etwas erzählst oder irgendwas tust (es wäre ganz unangemessen, gleichsam zu erstarren, um nicht zu stören), dann kann es sein, dass der kleine Kerl sein sommerliches Lied aus der Erinnerung kramt und ganz leise vor sich hin wispert. Wie oft mag das Lied des Sommers sein winterliches Innenleben durchziehen? Obwohl das den Genen wenig nützt.

Also nochmals: Schon im Tierreich ist die darwinsche Evolution nicht alles, und sicher nicht das, was das Leben lebenswert macht. Dieses »gern Leben«, die Freude mit den Ausdrucksformen, im Tierreich schon angebahnt, ist ein Geschenk, das nicht dem biologischen Zwang entspringt, sondern ihm zum Trotz gegeben ist. Und es entspringt aus den Gegebenheiten Innerlichkeit und Ausdruck, die wir durch PORTMANN (s.o.) kennen gelernt haben.

Was sich so anbahnt, ist nichts anderes als Freiheit, eine noch kleine, nebensächliche Befreiung des Ausdrucks, hinter der eine entsprechende Gestaltungsfreiheit zu vermuten ist. Freiheit fängt ganz unspektakulär an, und zwar schon bei Tieren. Die Trennungslinie zwischen Tier und Mensch wird von solchen Fällen nicht berührt, es ist nur eben so, dass Elemente, deren Gesamtheit allein dem Menschen eigen ist, einzeln schon hier und da bei Tieren aufscheinen.

Sogar die Verwirklichung kleiner gemeinsamer Vorhaben von Gruppenmitgliedern, die eigentlich der Gruppen-Kultur entgegenstehen, wurde beobachtet. Eine Primatenforscherin dokumentierte, wie sich eine Schimpansin, wenn ihre fruchtbare Zeit nahte, mit einem bestimmten, nicht rangmäßig ausgezeichneten Schimpansen verständigte, und beide sonderten sich in dieser Zeit ab – sie hatten ihr Liebesleben privatisiert.

Es wäre unfair, das Höhere durch Disqualifizieren des nächst Niederen aufzuwerten, und wir werden auch nicht mehr Mensch, wenn wir die Tiere schärfer gegen uns abgrenzen können. Nobler und wahrhaftiger ist es, schon im Tierreich nach den großartigen, befreienden Möglichkeiten der Menschen zu suchen – und sich zu freuen, diese bei Tieren angedeutet zu finden. Wir stellen allerdings fest, dass solche Möglichkeiten eine bereits weit fortgeschrittene Evolution voraussetzen.

3.9 Besonderheiten der biologischen Evolution

Die Evolution ist in der belebten Welt keine Angelegenheit von Einzelgebilden, es sind immer auch andere Lebewesen vorhanden, die als Konkurrenten die Messlatte des Erfolges setzen und die gleichen begrenzten Ressourcen nutzen, Formen, die einander zu einer mächtigeren Zweiheit oder Vielheit ergänzen können, schließlich das ganze Milieu mit seinem Trend. So ist biologische Evolution weitgehend Koevolution, gemeinsam vollzogene und doch bei jeder Pflanzen- und Tierart eigentümliche Entwicklung. Das Leben auf dieser Erde findet im Rahmen von Ökosystemen statt.

Die Evolution nimmt aber von sich aus keine Rücksicht auf eine »nachhaltige Wirtschaftsweise« und strebt keinen (entwicklungsfeindlichen!) Gleichgewichtszustand an, so dass es in der Geschichte des Lebens immer wieder Katastrophen gegeben hat, die dann größere Entwicklungsschübe ausgelöst haben.

Dies berührt die Einbettung des Lebens, auch unseres eigenen, in Seinsschichten, die allein physikalisch und chemisch beschrieben werden können. Solche tieferen Seinsschichten dienen nicht nur als formbare Materie der höheren, sie sind und wirken vielmehr auch unabhängig und ziehen die höheren ebenso in ihr schichteigenes Geschehen hinein, wie diese die tieferen. Wenn die Erdmassen eines Hanges in Bewegung geraten, dann reißen sie die hier heimische Pflanzen- und Tierwelt, und ohne jede Hemmung auch die Menschen, »gute wie böse«, ins Verderben. Wir führen hier die Flutkatastrophen der bengalischen Küste an, die große Mannstränke, die 1362 ein ganzes Bistum von der Karte Frieslands holte, die gewaltigen Erdbeben und Tsunamis, Vulkanausbrüche und Gebirgsbildungen, denen die Erde nicht nur ihre prinzipielle Wohnlichkeit verdankt. In kosmischen Dimensionen ahnen wir schon jetzt das Erkalten der Sonne und das Ende irdischen Lebens. Und im Detail sehen wir das Funktionieren des Naturhaushaltes so eng mit der Sterblichkeit der Einzelwesen verknüpft, dass wir sogar unser eigenes Ableben als Preis für unser Hier-Sein annehmen müssen.

Auf der Stufe des Lebens beginnt ein großes Organisieren, Leben schafft immer Ordnung. Dabei entstehen dynamische Strukturen, und diese werden durch dissipative (Energie in nicht vollständig umkehrbarer Weise umsetzende) Prozesse aufrechterhalten. Sie sind von Symmetriebrechungen begleitet und hängen stark von äußeren Bedingungen ab (MAYER-KUCKUK 1989). Diese Strukturen lassen sogar ein bewahrendes Prinzip erkennen, die Vererbung, die der ungebremsten Dynamik entgegenwirkt und den grundsätzlichen Aufbau der Lebewesen erhält. Die Erhaltung und der Aufstieg des Lebens über Jahrmilliarden erzählen davon.
 Die Thermodynamik (die zwar beim Lebendigen nicht mehr die Richtung der Evolution bestimmt, doch natürlich auch hier gültig

bleibt) lässt dies alles nur zu, wenn gleichzeitig und sogar in höherem Maß anderswo Unordnung entsteht (vgl. HAWKING, 2002, 195 Abb. 9.5). Dies gelingt, indem sich das Leben in einen Energiestrom, einen Energiegradienten einfügt, konkret in den zwischen Sonne und Erde. Dass sich Leben ordnend organisiert und dabei anderswo die Unordnung wächst, bedeutet aber, dass die Welt niemals ganz vom Leben durchformt werden, nicht insgesamt einverleibt werden kann. Das Abfallproblem sendet also frühe Grüße, und Grenzen des Wachstums sind unvermeidbar.

Das Leben hat sich im Schoße seines chemischen Milieus entwickelt. Diese Entwicklung war aber nicht im Detail vorgegeben. Kleine Änderungen in Anfangsbedingungen, kleine Fluktuationen in den Stoffkonzentrationen des Heimatgewässers und anderes, das wir in diesem Zusammenhang getrost als »zufällig gerade so« beschreiben können, hätten ein anderes Ergebnis bedingt. Das illustriert z.B. der Unterschied zwischen der von Sauriern dominierten Welt von Jura und Kreide und der von Säugern und Vögeln beherrschten Welt im Tertiär. Diese trennt vielleicht nur eine Umweltkatastrophe, die vorwiegend die kaltblütigen Saurier getroffen hatte. Die Welt ist daher nur nachträglich beschreibbar, und wahrscheinlich existiert sie in ihrem Sosein erst post factum – im Nachhinein. Sie ist historisch im strengsten Sinne. Müssen wir daraus nicht schließen, dass sich auch die weitere Evolution nur post factum darstellen lässt, so dass wir uns über unerwartete Richtungen nicht wundern dürfen? Überall gibt es Entwicklungstendenzen zu höheren Stufen hin. Die großen Triebkräfte von Ausdruck und Konkurrenz, aber auch die immer wieder einmal gegebenen Möglichkeiten zum nutzbringenden Zusammenleben lassen die Evolution nicht zur Ruhe kommen, die Lebewesen antworten mit der Bereicherung ihrer Erscheinung und der Optimierung von Bau und Funktion, und bei den Tieren auch des Verhaltens. Beim innerartlichen Verhalten kann sich der ganze Reichtum individueller Besonderheit und, damit verbunden, sozialer Beziehungen entwickeln.

Es ist zwar angesichts der Fülle an vorgelegtem Material nicht notwendig, weitere Begründungen dafür zu geben, dass wir

Menschen durch Verwandtschaft mit den anderen Lebewesen verbunden und gleichzeitig durch einen ernst zu nehmenden Qualitätssprung getrennt sind. Wir sahen ja, dass die Naturgeschichte eine Geschichte von emergenten Eigenschaften ist.

Doch erscheint es nützlich, an dieser Stelle nochmals an die genetischen Argumente zu erinnern, besonders an die Einheitlichkeit des genetischen Codes einerseits und an die durchgehenden, zu den offensichtlicheren Verwandtschaftsbeziehungen so gut passenden Entwicklungslinien des Genoms (der Gesamtheit der codierten Erbanlagen) andererseits.

Und es zeigt sich immer deutlicher, dass die geographische Verbreitung und Entwicklung der Arten eine Entsprechung bei den Genen hat. DRAYNA (2006) konnte durch Untersuchung der heutigen genetischen Ausstattung die Wanderung und Entwicklung einzelner menschlicher Populationen über Jahrtausende verfolgen und berichtet über die hierzu benutzten Methoden. Der Clou dieser und ähnlicher Untersuchungen ist die Aufklärung genetisch bedingter Krankheiten und ihres Zusammenhangs mit den unterschiedlichen Umweltfaktoren. Dieses sehr tragfähige Argument für die Evolution entspringt nicht der Bemühung von Evolutionstheoretikern, sondern wächst uns aus der Bekämpfung schwerer Krankheiten zu. Es hat sich so ergeben – wie sich auch Darwins Theorie aus dem übergroßen Anschauungsmaterial ergeben hatte.

4 Menschwerdung aus dem Tierreich

Mehrfach beginnen sich im Tierreich direkt auf Kommunikation aufbauende kulturelle Strukturen, eine noch höhere Schicht mit eigenen emergenten Eigenschaften auszubilden. Nur einmal aber, bei den Menschen, ist diese höhere Schicht wirklich erreicht worden, und zwar von den Primaten aus, dem Verwandtschaftskreis der Menschenaffen. Was zeichnet die Primaten vor anderen Bewerbern aus? Plausibel erscheint die Vermutung, dass es die im eigenen Blickfeld operierende Greifhand war, die zum Erkennen des eigenen Tuns führte und als wichtiges Mittel zum Erkennen des Selbst hinzukommen musste. Aber das ist Spekulation; und schließlich sind z.B. die Papageien-Vögel in dieser Richtung auch sehr weit gekommen, ohne besonders menschenähnlich zu werden.

Eine grundsätzliche Voraussetzung der Menschwerdung war die beachtliche Vergrößerung des Gehirns, das um ganze Baueinheiten vermehrt wurde. Schon die Steigerung der bloßen Zahl der Nervenzellen, ihrer Fortsätze und Verbindungen (Synapsen) musste zu einer multiplikativen Vermehrung der Reizwege und zu einer erheblich komplexeren Verknüpfung führen, womit auch eine stärkere Dynamik der Verknüpfungen im Gehirn möglich war. Die Voraussetzungen für eine dazu notwendige, vergleichsweise geradezu üppige Versorgung mit Nährstoffen und insbesondere Phosphor sind noch nicht sicher bekannt. REICHHOLF (1991) machte den Zugang zu einer besonderen Phosphor- und Nahrungsquelle verantwortlich, zum Knochenmark großer Herdentiere. Sollte das Phosphat eine so große Bedeutung gehabt haben, wäre für die Menschwerdung tatsächlich der ostafrikanische Grabenbruch mit seinen jungen Basaltböden in Frage gekommen, wie es die Fossil-Funde nahe legen.

Das wesentlich Menschliche am Menschen, das allen anderen

Arten fehlt, sind aber wohl nicht irgendwelche Einzelstrukturen. Viele Eigenschaften, die zusammen den Menschen kennzeichnen, zeigen sich vielmehr ansatzweise schon bei Tieren. Daher war es richtig, im Tierreich nach den Vorläufern der Merkmale zu suchen, die in ihrer Gesamtheit den Menschen ausmachen. Der vorige Abschnitt hatte uns bereits bis zu den Phänomenen der überindividuellen Information geführt, die tief aus dem Biologischen kommt, sich aber erst beim Menschen in gewissem Maße vom Körper löst und in den Kulturgütern verselbständigt. Die Kultur bedurfte zu ihrer so erstaunlichen Entwicklung jedoch zusätzlich des »Inneren Repräsentationsraumes« (s.u.).

Während der ganzen biologischen Entwicklung wurde das genetisch festgelegte, unbewusste, zunächst nur als Signal und Reaktion vorhandene Welt-Erkennen durch Auslese der jeweils tüchtigeren ratiomorphen Apparate immer wieder verbessert. Diese Fähigkeit wurde ergänzt, aber immer beibehalten. Der Zugewinn an Erkenntnis geschieht dabei durch schrittweise Optimierung des Erkennens, durch Verrechnen von Erfolgen und Misserfolgen. Diese Prozesse wurden von RIEDL und seiner Frau durch spiralförmig nach oben führende Graphen sehr anschaulich dargestellt (RIEDL 1980). Es handelt sich also um ein ganz dynamisches Geschehen. Später kam die Denkfähigkeit hinzu und hat beim Menschen die Führung übernommen. Aber auch im ausgefeiltesten Denken ist jenes suchende Verfahren noch zu erkennen, das NICOLAUS CUSANUS die »Kunst der Vermutung« genannt hatte.

Damit war nun der Mensch in der Lage, sein Verhalten außerordentlich schnell zu ändern. Da stand allerdings nicht mehr die Anpassung an die äußere Welt im Vordergrund, sondern die Konkurrenz zwischen den Artgenossen war zur Triebfeder dieser Entwicklung geworden. Bei den Tieren war die Selbstschädigung der jeweiligen Population durch angeborene Kontrollinstanzen verhindert worden, insbesondere durch Beschwichtigungs-Rituale. Beim Menschen wurden aber viele genetisch fixierte Rituale labil, und ihre Funktion wurde teilweise vom Denken (also der Sandkastenspiele der Phantasie) und der Diskussion innerhalb der Gesellschaften übernommen. Allerdings sind die neuartigen Kontrollen auch heute noch keineswegs in der Lage, Fehlentwicklungen und sogar bedrohliche Tendenzen zu blockieren, und die kulturellen, durch Konventionen geschützten Rituale sind im Gegensatz zu den angeborenen flexibler und sogar umgehbar.

4.1 Die Besonderheit des Menschen

Zweifellos sind die Begründer der Verhaltensforschung, insbesondere LORENZ und seine Schüler, den Geheimnissen des Tierlebens sehr dicht auf die Spur gekommen. Wir sahen aber auch bereits, wie deutlich LORENZ das Auftauchen des Neuen in der Geschichte des Lebendigen gesehen hatte. Zwar sieht er den Menschen recht nahe beim Tier (LORENZ & HEINROTH 1988, 103), doch aus dem zoologischen Zugang zu den Phänomenen heraus erschließt er vergleichend und kontrastierend das Besondere des Menschen, wie das auch ADOLF PORTMANN getan hat.

In diesem Abschnitt wird versucht, die natürliche Ausstattung des Menschen, der Art Homo sapiens, so weit wie bisher möglich zu beschreiben. Dann werden wir eine große Lücke in unserem Mosaik feststellen, und der hier fehlende Mosaikstein wird sich als das Dialogische Prinzip (das erst anschließend definiert wird) erweisen. Wohl wäre es eine Illusion, den Menschen überhaupt völlig zu fassen; aber wir werden doch wichtige Charakterzüge richtiger einordnen können.

Frei entscheidend?

Beginnen wir mit einer Frage, die sehr kontrovers diskutiert wird, weil sie an unser Selbstverständnis rührt. Zunächst baut sich das Tun des Menschen bis hinab zu den einzelnen Bewegungen aus Verhaltenselementen auf, die schon unseren frühen Vorfahren zur Verfügung standen. Gewisse von BENJAMIN LIBET in den 1980er Jahren eingeführte Experimente haben unsere Kenntnis vom Ablauf willkürlicher Körperbewegungen erheblich verbessert. Es handelt sich um die genaue Vermessung der Reihenfolge von Willenserlebnis, Bewegungsbeginn und Bewegungserlebnis bei Bewegungen z.B. der Finger von Testpersonen, oft begleitet von der Darstellung der Abläufe im Gehirn durch bildgebende Verfahren. Sie zeigen, dass das messbare Geschehen im unwillkürlichen Bereich beginnt und das Bewusstsein nachhinkt. Dies entspricht unserer Vorstellung, dass das Verhalten der Lebewesen auf unbewusste Weise und unter genetischer Steuerung begonnen hat, und dass sich auf dieser Grundlage erst nach und nach ein Bewusstsein von diesem Verhalten, und schließlich ein Selbstbewusstsein, auf immer noch rätselhafte Weise entwickelt hat.

Auch die Bewegungen und Bewegungsketten des Menschen entspringen nicht primär seinem Willen, und bei genauer Selbstbeobachtung empfinden wir dies auch nicht. Wie uns LIEBRUCKS (1958) erklärte, wäre der Mensch völlig überfordert, wenn er seine alltäglichen Bewegungen und Handlungen auf Grund von jeweiligen Entscheidungen vornehmen müsste, und die Beobachtung zeigt, dass der Wille nur bei hinreichend wichtigen Gelegenheiten steuernd eingreift und dann das sonst unwillkürliche Verhalten zu seinem Werkzeug macht.

LIBET-Experimente bestätigen, dass die Bewegungen, auch als Grundlagen menschlichen Tuns, weitgehend spontan beginnen und ablaufen (über die Bedeutung von Hemmung und Auslösung wurde bereits beim Verhalten der Tiere berichtet). Über den Willen des Menschen und seine mögliche Freiheit sagen sie nichts aus, und ihre Interpretation als Widerspruch zur Willensfreiheit ist kurzschlüssig. Hier agiert der Wille nicht innerhalb des Experiments, sondern er wirkt bereits bei dem Entschluss, sich an solch einem Experiment zu beteiligen. Der grundlegende Unterschied zwischen Tat und Entschluss war spätestens im 18. Jahrhundert bekannt.

Der Evolutionsgewinn beim Menschen stellt sich mit Blick auf die Entschluss-Freiheit nun wohl so dar, dass der Mensch die Fähigkeit gewonnen hat, wichtige Anteile seines Verhaltens in die Pflicht zu nehmen. Das setzt eine Lockerung der genetisch bedingten Steuerung voraus, wie sie schon bei hoch entwickelten Tieren angedeutet ist, sowie eine Instanz, die wir als »Ich« bezeichnen, ohne damit viel auszusagen. Wohl wissen wir schon, wo diese Instanz ihren Sitz haben muss, nämlich im zentralen Vorstellungsraum. Im Zusammenhang mit diesem, und unter Einbeziehung des Dialogischen Prinzips, werden wir weiter unten die Möglichkeiten des Menschen zum freien Handeln diskutieren.

Weltoffen

PORTMANN (z.B. 1956) reflektiert den Schritt der Evolution zum Menschen. Er hebt die besonderen Antriebssysteme unseres Tuns hervor, von denen er schreibt: »*... kennen wir doch die materielle Organisation dieses Systems keineswegs. Wir können sie nur in ihren Äußerungen erfassen und z.B. als den menschlichen ›Willen‹ benennen.*« »*Unserer ganzen Daseinsart entspricht es ... in irgendeinem von Menschen aufgesuchten Naturbereich sich eine besondere ›Welt‹ zu schaffen, sie aufzubauen aus Naturbeständen, die durch menschliches Tun umgeformt worden sind.*« »*Heißen wir das Gebaren der Tiere ›umweltgebunden‹, so müssen wir das des Menschen ›weltoffen‹ nennen, wobei mit diesem wundervollen Wort ein großes Vermögen von schöpferischem Verhalten gemeint ist, ein Schatz, von dem der Einzelne einen mehr oder weniger würdigen Gebrauch machen, ein Gut, das auch vertan oder vergraben werden kann.*«

Menschliches Forschen richtet sich nicht nur auf wahrgenommene Phänomene, sondern sucht auch nach unbekannten Trägern künftiger Bedeutungen. Anklänge an echtes Interesse findet PORTMANN im Tierreich nur sporadisch, bei den spielenden Jungtieren höherer Säuger. Das ständige Ergänzen des Wahrgenommenen und seine umfangreiche Repräsentation in der Vorstellung ist eine lebenswichtige Funktion und auch bei vielen höheren Tieren gut nachgewiesen. »*Sich selbst als einen repräsentativ ergänzten Gegenstand aufzufassen und diesem Objekt als etwas Fremdem gegenüberzutreten*« (PORTMANN 1956) dürfte aber tatsächlich dem Menschen vorbehalten sein. Die Darstellung der Unterschiede wird vervollständigt mit der Feststellung: »*Wir kennen nichts im Verhalten der Tiere, das der Hingabe an eine Sache bis zum Opfer des eigenen Lebens entspräche. ... Die hohe Fähigkeit der begierdelosen Liebe und Hingabe ist einzig dem Menschen gegeben – wie fern auch viele zeitlebens ... von diesen größten Möglichkeiten bleiben.*« »*Umweltgebunden und instinktgesichert – so können wir in vereinfachender Kürze das Verhalten des Tieres bezeichnen. Das des Menschen mag demgegenüber weltoffen und entscheidungsfrei genannt werden*« (PORTMANN 1956).

Ontogenetisch begünstigt

Als Morphologen und Verhaltensforscher arbeitend haben PORT-MANN und seine Schüler in Basel gezeigt, wie zu den besonderen Eigenschaften des Menschen besondere Phasen in der Entwicklung gehören, die auffällig anders verlaufen, als bei den höheren Säugetieren (PORTMANN 1956). Obwohl unsere Säuglinge mit offenen Sinnesorganen und aktiver Motorik zur Welt kommen, sind sie zunächst hilflos und abhängig, sekundäre Nesthocker gewissermaßen. Ihnen wird eine mehr oder weniger behütete Kindheit geschenkt, in der ihre besondere Ausstattung im Kontakt mit der Umwelt und verknüpft mit Erlebnissen heranreifen kann. Schon im *»extra-embryonalen Frühjahr geschehen neben ›Vorgängen‹ von durchaus genereller Artung auch ungezählte ›Ereignisse‹, die einmalig sind – und wie oft schicksalsbestimmend«*, unter Einfluss der Sozialumgebung. *»Weltoffenem Verhalten der Reifeform ... entspricht der einzig dem Menschen zukommende frühe Kontakt mit dem Reichtum der Welt!«* (PORTMANN 1956). Unsere Sozialwelt ist nicht erblich vorgegeben, sie gestaltet sich je neu aus Anlage und Umweltkontakt, und die meisten psychischen Anlagen reifen nicht einfach durch Selbstdifferenzierung. Dem raschen Massenwachstum als Embryo und im ersten extrauterinen Lebensjahr folgt eine auffällig langsame Jugendentwicklung, die dem jungen Menschen das lange Orientieren und Lernen ermöglicht, sobald er körperlich und seelisch dazu in der Lage ist.

Frei in der Zuwendung

LORENZ (1979) hat uns, wie oben berichtet, die im Organismus vorbereiteten Triebhandlungen vor Augen gestellt, die auf der Lauer liegen und auf einen Auslöser warten, der die Hemmungen aufhebt. Trieb-Handlung, ausgelöst durch Enthemmung – das steckt also oft hinter der Spontaneität und zugleich hinter der Zwanghaftigkeit tierischen Verhaltens. Das ist die Lage, von der aus wir gut verstehen können, was beim Übergang zur menschlichen Lebensstufe biologisch notwendig war: Das Getrieben-Sein durch die vorbereiteten Antriebe musste in einigen Bereichen außer Kraft gesetzt werden, um andersartige Antriebe zu ermöglichen. Die Fähigkeit dazu erwächst aus dem Zugewinn bedeutender Großhirn-Areale und Areal-Verknüpfungen und dem flexibleren Auf- und Abbau von Nervenverbindungen; denn dies alles ermöglicht neuartige und insbesondere geistige Prozesse. Man beobachtet tatsächlich eine Lockerung und Überformung der alten Zwänge, die als Instinkt-Verarmung beschrieben werden kann; aber es handelt sich keineswegs um die völlige Aufhebung der Triebhaftigkeit (wie die Stoiker wollten), was nämlich tödlich wäre.

Wir verfügen über eine höhere Schicht von Antrieben, mehr oder weniger frei aus dem Verstand geboren, die wir unseren Willen nennen. Für und durch den Willen verändern wir Appetenzen, biegen sie um, schwächen die einen, stärken andere und können sogar neue Appetenzen einrichten. Das verschafft unserer Aufmerksamkeit einen gewissen Freiraum. »*Die ›Instinktarmut‹ wird damit zu einer besonderen ›Freiheit der Zuwendung‹ und muss positiv gesehen werden.*« Den Ordnungsrahmen gibt aber, wie bei den Tieren, die jeweilige S t i m m u n g. »*Mit jeder Stimmung ändert sich die besondere Einheit, die Subjekt und Welt immer neu bilden*« (PORTMANN 1964). Die Stimmung legt die Welt aus.

Für die Weltoffenheit und die damit verbundene Entscheidungsfreiheit ist es notwendig, »*dass wir einem ›beliebigen‹ Objekt unser Interesse zuwenden können, während dem Tier nur Dinge begegnen, die in feste Funktionskreise seines Lebens gehören. Dem entspricht, dass alle tierische Kundgabe spontan in einer dem jeweiligen Funktionsfelde gemäßen Weise verläuft, während der Mensch über seine Weisen der Kundgabe ›verfügt‹*« (PORTMANN 1964). Inzwischen ist diese Aussage zwar nach beiden Seiten hin einzuschränken. Einerseits erweisen sich die Äußerungen der Tiere doch als flexibler, und andererseits ist auch unsere Zuwendung von einer unbewussten Auswahl des Interesses und des Wahrgenommenen selber eingeschränkt, die wir schulen können, über die wir aber nicht unmittelbar verfügen. Dennoch ist der Unterschied zwischen Mensch und Tier auch in der Zuwendungsfreiheit sehr groß; die Kundgabe ist beim Tier spontan und kann beim Menschen beherrscht sein.

Menschliches Handeln wird viel stärker im Inneren Repräsentationsraum (s.u.) vorbereitet. Die Antriebe werden hier auch oft ohne ihre Hemmungen repräsentiert. Es würde sicher nicht genügen, wenn die Antriebe im Falle ihres Übergangs in die Lebenspraxis nur von der Instanz »bewusste Entscheidung« kontrolliert würden, und überdies können gar nicht alle Übergänge durch das Bewusstsein gehen. Die Evolution hat daher Filter einbauen müssen, um die Gefahren zu mindern. Solche Kontrollen erfolgen durch das Über-Ich und durch die Verdrängung (um die geläufige Terminologie SIGMUND FREUDs zu benutzen). Von außen wirken, teils durch das Über-Ich, kulturelle Rituale, Ideologien und Unterweisung sowie beim Übergang das Prüfen der Opportunität des jeweiligen Handelns in der gleichen Richtung. Dennoch: die erweiterten Möglichkeiten sind durch Gefahren erkauft. Besonders die kulturellen Rituale und die Einengung von den vielen Möglichkeiten auf die eine Wirklichkeit bereiten oft Schwierigkeiten.

Von Natur aus in einer Kultur lebend

Die Menschen teilen mit allen höheren Tieren die natürliche Anlage zum geselligen Leben, haben jedoch keinen natürlichen Gesellschaftszustand, an den ihr ererbtes Verhalten angepasst ist. Sie bauen sich stets ihre eigene, der Natur entfremdete Welt. Diese Entfremdung ist von mehreren Philosophen bemerkt und bemängelt worden, aber alle Sehnsucht nach einem früheren, paradiesischen Zustand ist vergebens – diese Entfremdung gehört zur Menschwerdung. *»Kultur ist unsere Natur, und die Form unserer Gesellschaft ist eine der wichtigsten Leistungen dieser Kultur«* (PORTMANN 1964). Wie schon bei den Primaten verweisen auch beim Menschen viele natürliche Anlagen auf ein Leben in kleinen Gruppen mit überschaubaren Beziehungen. Es besteht ein natürlicher Zwang dazu, überhaupt eine soziale Form zu finden, aber in ihrer Wahl sind die Menschen relativ frei. Dem entspricht eine Frühentwicklung, bei der das Gehirn noch ausreifen muss, während das Kind schon im Kontakt mit der Außenwelt steht, aber doch noch im Schutz von Familie und Gruppe. (Inzwischen wissen wir, dass unser Gehirn auch später nicht eigentlich reif wird im Sinne einer Festlegung der Nervenverbindungen). Jedenfalls ist die Lebenswelt des Menschen primär gesellschaftlich und die Natur ganz peripher. Einsichtiges Handeln, aufrechte Haltung und soziale Sprache werden gleichzeitig und »*in reifendem Lernen oder lernendem Reifen erworben, und keine [der drei Verhaltensweisen] entsteht vollwertig, wenn der Sozialkontakt fehlt oder minderwertig ist*« (PORTMANN 1964).

Die typische Sozialform des Menschen, die auch bei hoch entwickelten Vögeln und Säugern vorkommt, ist die durch persönliche Freundschaft zusammengehaltene Gruppe. »*Gruppen, die größer sind als jene, die durch persönliche Bekanntschaft und Freundschaft zusammengehalten werden, verdanken ihre Kohärenz immer und ausschließlich Symbolen, die durch kulturelle Ritualisation hervorgebracht wurden und von allen Gruppenmitgliedern als etwas wertvolles empfunden den werden*« (LORENZ 1979).

Aber ständig von Krankheit und Tod bedroht

Ein Mensch lebt nicht besonders lange auf dieser Erde. Die Frage nach seinem Leben hinter dieser Erdenzeit wird uns nicht durch Erfahrungen beantwortet und ist daher kein Gegenstand dieser Erörterung. In seinem Erdenleben geht es dem Menschen so, wie jedem anderen Lebewesen: Er ist von seinen Anlagen und seiner Umwelt abhängig und daher ständig von Krankheit und Tod bedroht. Wir wissen, dass dies im Rahmen des Naturhaushaltes gar nicht anders sein kann. Hier, wo es uns um das Wesen des Menschen geht, muss darüber hinaus festgestellt werden, dass der Mensch schon von seinem Erbgut aus nicht für das Bleiben ausgerüstet ist, sondern dass dieses Erbgut auf die Fortdauer der Menschen als Generationenketten optimiert ist.

Wie das Individuum, so ist auch die Menschheit insgesamt von Anfang an bedroht. Während der Geschichte der Menschheit haben darüber hinaus die Grundbedingungen ihrer biologischen Existenz einen tief greifenden Wandel erfahren. Zunächst war es für Überleben und Vervollkommnung nicht nur unschädlich, sondern sehr vorteilhaft, dass die Vermehrungsrate hoch und die Tendenz zur Ausbreitung groß war. Das hat sich auch in Mythen und Religionen niedergeschlagen (»Wachset und mehret Euch!«, falls das zwingend als Imperativ übersetzt werden muss). Dies hat aber schon früh zu existenzbedrohenden Krisen geführt, weil die

Grenzen des Wachstums nicht gesehen wurden. Durch das Zusammenwachsen der Erdbevölkerung sind die Probleme global geworden. Sie lassen sich nur gemeinsam und nur unter Einsatz des gesamten geistigen Potentials lösen. Die schwierigsten Aufgaben werden dabei die Begrenzung des Konkurrenzdenkens und der Übervölkerung sein. Den Träumen von Wirtschaftsliberalismus und dem Sozialdarwinismus muss also eine Ernüchterung folgen. Und dazu bedarf es neuer, nun kultureller Rituale.

Mitbestimmt von kulturellen Ritualen

Wie schon angedeutet, wurden beim Menschen viele der starren biologischen Rituale durch flexible kulturelle, d.h. konventionsgebundene abgelöst. Diese kulturellen Rituale, als Organe des höheren Soziallebens, können beim Menschen durch Bewusstsein oder Entscheidungsfreiheit allmählich oder auch plötzlich verändert werden. Sie sind stark, aber deutlich schwächer als die genetisch fixierten Antriebe, was z.B. im Bereich Sexualität und Vermehrung enorme Probleme verursachen kann.

Die Bedeutung der kulturellen Rituale für die Sozialisierung liegt nicht nur auf dem Gebiet der Fortpflanzung und der Erhaltung der Gruppe, sondern auch bei den überindividuellen Kulturinhalten, dem religiösen Erleben und dem Umgang mit dem Tod. Man sieht in ihnen die Grundlage der kulturellen Differenzierung. »*Das entscheidende, über alle ethnischen Grenzen hinweg verbindende oder dann wieder trotz ethnischer Ähnlichkeit trennende Moment ist das Ritual, das beim Menschen durch Tradition fixiert, durch Lernvorgänge als geistiges Geschehen weitergegeben wird*« (PORTMANN 1964). Wobei wir vorgreifend anmerken, dass trennende Rituale von den offensichtlich kraftvolleren dialogischen Ich-Du-Bindungen überwunden werden können, wenn auch meist mit erheblichen nachfolgenden Problemen.

Zu den spezifisch menschlichen Ritualen gehören die Sprachen. Ihnen kommt eine so große Bedeutung zu, dass PORTMANN (1964) formuliert:» *Wer vom Ursprung der Sprache redet, der meint den Ursprung des Menschen. So zentral ist die Funktion des Redens mit der des unmittelbaren Weltverstehens, mit unserer Art von Einsicht und Erleben verbunden, dass dieses Reden stets mitgemeint ist, wenn wir überhaupt vom Menschen sprechen.«* PORTMANN (1956) sieht das Böse nicht als Rest des Tieres in uns, sondern als *»schwer lastende Menschlichkeit«*. Für ihn besteht eine der Ursachen der gewaltigen Spannungen unserer Zeit im Gegensatz zwischen der allseitigen Berührung der Menschenmassen, welche die Erde füllen, und der alten Ausrichtung auf das Leben in überschaubaren Gruppen. Nach seiner Meinung ist zur Minderung dieser Spannungen eine schöpferische Entwicklung neuartiger Rituale der Begegnung, des Zusammenseins und des religiösen Erlebens notwendig, welche die zusammenbrechende rituelle Kultur wieder aufrichten und der Humanität eine neue Chance geben sollen. Wir müssen diese Hoffnung zwar abschwächen, weil die kulturellen Rituale oft doch nicht stark genug sind, jedenfalls nicht gegenüber den genetisch fixierten. Den entsprechenden Überlegungen vorausgreifend, kann aber auf die Möglichkeit einer Koppelung von kulturellen Ritualen und dialogischem Verhalten verwiesen werden.

Eingebunden durch Prägungen

Bei den Tieren wird bestimmten Triebhandlungen ein Objekt durch Prägung fest zuordnet, dies geschieht spontan in einer sensiblen Phase und meist in sehr jungem Alter. Wenn sich nun die Reifezeit des Menschen-Kindes stark verlängert hat, und wenn wichtige Antriebe vom biologischen zum kulturellen Bereich verlagert wurden, fragen wir, ob etwa mit der Prägung ähnliches passiert sei. Und wir können tatsächlich interessante Entwicklungen finden.

Zunächst bestätigen neuere Untersuchungen, dass es auch beim Menschen die unmittelbar nach der Geburt erfolgende Prägung auf eine Person gibt, die man ohne großen Fehler als Prägung auf die Mutter ansehen kann. Zugleich wissen wir alle, dass diese Prägung nicht so schicksalhaft ist, wie z.B. bei den gut untersuchten Graugänsen. Das gleiche Ergebnis, das durch die Prägung momentan erreicht wird, kann beim Menschen-Kind durch langwieriges, aber durchaus erfolgreiches Lernen und Gewöhnen nachgeholt werden, so dass schließlich kaum ein Unterschied feststellbar ist. Dann gibt es nach der Kindheit eine weitere, durch endogene

Lockerung bestehender Bindungen vorbereitete Phase, in der eine Prägung auf eine Gruppe erfolgt. Die kindlichen Bindungen lockern sich, und es entsteht ein Verlangen nach einem anderen gesellschaftlichen Anschluss als in der Kindheit. Im einfachsten Fall ist es die eigene Kultur der Gruppe, die zur Prägung einlädt. Träger der Prägung sind Führungsindividuen und/oder sogar Rituale. Die Prägung wird von einem Initiationsritus begleitet.

Der Eintritt auch dieser Phase ist biologisch bedingt, das ist geblieben. Aber Ablauf und Intensität sind individuell sehr unterschiedlich. Die biologische Notwendigkeit scheint nicht mehr gegeben zu sein. Und auch das Ergebnis, die eingeprägte Bindung, teilt das Schicksal anderer menschlicher Verhaltensweisen: Wieder ist nämlich die Bindung nicht »ausbruchssicher«, und daher flankiert die Gruppe ihre Rituale durch strafende und belohnende Maßnahmen.

> Diese Phase des Suchens und der Unsicherheit gibt den Jugendlichen in der pluralistischen Gesellschaft die Möglichkeit, von sich aus nach einer Gruppe auszuschauen, die besser auf die eigene Sehnsucht und Sinnsuche zu antworten scheint, oder selbst eine solche Gruppe zu stiften. Beide Fälle scheinen stark zurückzutreten hinter dem verbreiteten Phänomen, dass eine fremde Gruppe unter den Jugendlichen in dieser sensiblen Phase neue Mitglieder rekrutiert, indem sie die Prägung auf bestimmte Rituale in die Wege leitet. (Hier wird übrigens die Rolle der kulturellen Rituale als Unterscheidungsmittel deutlich). Gruppen mit solchem Prägungs-Parasitismus kennen natürlich die Schwäche der Bindung genau, da sie diese selbst nutzen. Sie versuchen viel, um Ausbrüche zu verhindern. Man kann sie gut daran erkennen, dass sie Kontakte zur Ursprungsgruppe, ja sogar zur Familie behindern. Zu ihnen gehören diverse religiöse Sekten.
>
> Der Prägungs-Parasitismus kommt gehäuft in Gesellschaften vor, in denen es an Integrationsmöglichkeiten und gemeinsamen Werten mangelt.

Meist etwas später wird der junge Mensch plötzlich sensibel für einen möglichen Lebenspartner. Dann taucht der Wunsch nach

Bindung auf und übertrifft sogar die sexuelle Appetenz. Kommt eine gegenseitige Prägung in dieser Phase zustande, dann ist der Bindungswunsch oft stärker als alle Widerstände aus Familie und Umgebung, ja sogar stärker als alle anderen eigenen Interessen. Trotz der großen Sehnsucht nach Dauer ist aber auch diese Prägung nicht absolut belastbar. Da jedoch Wohl und Wehe von Nachkommen an ihr hängen, wird sie meist von der Gesellschaft mit starken kulturellen und oft auch religiösen Ritualen ausgestattet und unter besonderen Schutz gestellt. Über diese Partnerprägung müssen wir hier nicht weiter nachdenken, weil wir sie alle gut genug kennen. Auch können wir über eine ihrer Bedingungen noch nicht sprechen: das zum Gelingen unerlässliche dialogische Verhalten.

Diese und andere Prägungsphasen sind ins menschliche Leben eingeschaltet. Sie beruhen auf einer biologisch bedingten Sensibilisierung, ihr Ergebnis ist aber schwächer als bei den Tieren. Stattdessen werden diese Prägungen von kulturellen Ritualen abgesichert.

4.2 Evolutionäre Bedeutung des Inneren Repräsentationsraumes

Es ist nun an der Zeit, jene bereits mehrfach erwähnte Bühne unserer Vorstellung zu würdigen, die wir als Inneren Repräsentations- oder Vorstellungsraum bezeichnen. Sein Kern ist die Raum-Zeit-Vorstellung, und auf diese wird zunächst unsere reale Umgebung abgebildet. Der Raum, wie wir ihn sehen, in ihm greifen und in ihn eingreifen, ist zwar ein Abbild des realen äußeren, aber er befindet sich in uns selber – in Strukturen des Gehirns und ihren Verbindungen codiert. Wirklich von außen kommen nur Reize unterschiedlicher Qualität, z.B. Lichtbündel mit bestimmten Wellenlängen, die wir für uns perspektivisch anordnen, die wir in Farbe umsetzen und mit Emotionen belegen (z.B. als »kalte« und »warme« Farben). Wie wir bei RIEDL (1980) nachlesen können, handelt es sich beim Gesunden um eine wahre Repräsentation dessen, was draußen ist: wahr in der Abbildung und Bewertung aller häufig auftretenden Erscheinungen, deren Beachtung lebenswichtig ist (und das sind sehr viele). Ein falsches Bild der Außenwelt führte ja in die Katastrophe, wie »Geisteskrankheiten« von Menschen zeigen.

Und dann erweitert sich dieser Raum zu einer wandelbaren Bühne mit wechselnden Kulissen, ja er gebiert Nebenräume als Spielfelder der Phantasie; aber die Grundlage bleibt unverkennbar der Raum, in den hinein sich die Außenwelt abbildet und in dem sie eine Zeit-Dimension erhält.

Nichts spricht dafür, dass dieser Innenraum, in dem wir die Dinge schon »begreifen«, ehe wir sie draußen tatsächlich anfassen (und den freilich jeder in der Kindheit durch eigenes Greifen aufspannen helfen musste), durch Mutationen oder Kombination von Mutationen entstehen konnte – w o r a u s denn? Allem Anschein nach gibt es die Elemente nicht, durch deren Mutation oder Kombination dies geschehen sein könnte. Erst wenn wir ihn bereits in nuce haben, wird er eine starke Orientierungshilfe, erhöht die Lebenschancen, kann von der Auslese begünstigt und so durchaus auch »auf darwinistische Weise« verbessert werden. Unser Innerer Repräsentationsraum, in dem sich die Außenwelt für uns darstellt, ist eine der wunderbarsten emergenten Eigenschaften überhaupt. Er kommt schon aus dem Tierreich, und nicht erst der Homo habilis konnte seine Erfindungen in einem solchen virtuellen Raum entwerfen. Die Evolution des Inneren Repräsentationsraumes ist so rätselhaft, dass man die nicht tadeln darf, die daran festhalten, dass er uns geschenkt wurde. Immerhin kennt man inzwischen eine seiner körperlichen Grundlagen: Strukturen, die bei der Wahrnehmung von Aktivitäten anderer Lebewesen selber so aktiv werden, als wären sie unmittelbar beteiligt. Es handelt sich um die kürzlich entdeckten Spiegelneuronen, die zweifellos für die innere Repräsentation der Außenwelt unverzichtbar sind.

Manche legen uns mathematische Analogien vor und behaupten, wenn die Information eine gewisse Komplexität und Menge erreicht habe, dann schaffe sie sich selber ihre Bühne, und dann sei auch der Geist einfach da. Aber noch niemand hat uns einen solchen Übergang vom Abstrakten zum Konkreten gezeigt.

Einmal vorhanden, ist der Innere Repräsentationsraum jedenfalls ein Bestandteil des Körpers. Nun wird seine Anlage in der Keimbahn weitergegeben, beruht also auf einer genetisch codierbaren Struktur. In der Entwicklung des Individuums bildet er sich aus in der gegenseitigen Beeinflussung seiner Struktur und seiner Prozesse. Er ist mit einem eigenen Trieb ausgestattet, den wir Neugier nennen. Diese führt zu seiner inhaltlichen Gestaltung. Schon im Mutterleib begreift der junge Mensch sich selber und betastet seine Umgebung. Nach der Geburt erlebt er dann, wie das Tastbild durch optische Eindrücke ergänzt wird, wenn er denn sehen kann. Er ertastet und sieht die Brust und das Gesicht der Mutter, und hier kann sich auch schon der erste dialogische Kontakt anbahnen. Nach der Aufbauarbeit des ersten extrauterinen Lebensjahres werden die Bilder der realen und der phantasierten Welt durch Inhalte der Tradition ergänzt: Die Älteren werden mit kaum enden wollendem »Warum?« traktiert, wenn sie sich nicht genervt abwenden. Dieses »Warum« ist noch nicht kausal gemeint, es ist viel weiter und unschärfer, es dient einfach der Orientierung und der Verknüpfung von Gegenständen im Inneren Repräsentationsraum.

Können wir etwas über die körperlichen Repräsentanz des Inneren Repräsentationsraumes sagen? Es handelt sich jedenfalls nicht um eine abgrenzbare Struktur. Das Geschehen im Inneren Repräsentationsraum ist begleitet von Aktivitäten in und zwischen unterschiedlichen Regionen des Gehirns, also vom Informations-Austausch zwischen Nervenzellen. Man weiß überdies, dass solche Gehirn-Aktivitäten zu Umformungen im Nervennetz führen und sich damit selbst optimieren. Sie müssen weiterhin auf die Informationsspeicher zugreifen können, also auf das Gedächtnis. Und der gesunde Innere Repräsentationsraum hat einen relativ konservativen Kernbereich, der die persönliche Identität sichert, über den aber erst wenig bekannt ist. Wie so oft ist vieles von dem, was man schon weiß, durch Erkrankungen dieses Systems bekannt geworden. Insgesamt muss man wohl an ein sehr flexibles System von Strukturen und Funktionen denken, das stark von der jeweiligen individuellen Entwicklung

abhängt und wahrscheinlich auch »Erlebnisse« und Archetypen
aus der Stammesentwicklung bereithält.

Einerseits erlaubt nun die Ausgestaltung des Inneren Repräsentationsraumes ganz neue Formen der Erkenntnis und sogar eine Vorplanung des Handelns, da jene innere Bühne ein Experimentieren
erlaubt, ein Spielen mit den Möglichkeiten der Weltdeutung sowie
des eigenen Wirkens. Zusammen mit den inneren und äußeren
Medien von Gedächtnis und Mitteilung konnten und können sich
auf dieser Grundlage Kulturen herausbilden, miteinander in Kontakt treten und auch konkurrieren. Viele Anthropologen meinen,
sie hätten mit der Kultur sogar die ganze Essenz des Menschlichen
schon erfasst und könnten sie so hinreichend gut in der Evolutionstheorie verankern.

Aber andererseits wurde der gleiche Innere Repräsentationsraum,
der die Kultur ermöglicht, beim Menschen auch zum Ort für die
Innerlichkeit und ihren Ausdruck, die damit die psychologische
Stufe erreichen und dort bewusst werden konnten. Das nicht weiter ableitbare Phänomen der Innerlichkeit, das wir vom biologischen Bereich her kennen, hat vom Inneren Repräsentationsraum
Besitz ergriffen. Später soll gezeigt werden, dass als Frucht der
menschlichen Innerlichkeit hier auch das Dialogische Prinzip Heimatrecht hat.

Die Unterteilung des Inneren Repräsentationsraumes
und die Aufspaltung der Lebensbereiche

Der Innere Repräsentationsraum hat vor allem durch den großen
Zuwachs an Schaltelementen im Gehirn die Möglichkeit bekommen, mehrere virtuelle Räume auszubilden, und das erlaubt ihm
die Repräsentation unterschiedlicher Bereiche des realen Lebens.
So wird in der Phantasie ein Nebeneinander mehrerer Lebensent-
würfe möglich, und dagegen kommt uns unser konkretes Leben
oft so arm vor. Es ist für manche Menschen eine große Herausforderung, für sich einen einzelnen und einheitlichen Lebensfaden
zu akzeptieren und zu verwirklichen, und sicher haben wir fast
alle irgendwann Probleme damit, der Illusion mehrerer paralle-

ler Wege zu widerstehen und Möglichkeit und Wirklichkeit auseinander zu halten. Schon das Erlebnis unseres begrenzten Zeit-Budgets ist doch recht beunruhigend. Dabei werden uns die Erfüllbarkeit aller Wünsche und die unbegrenzte Selbstverwirklichung ständig eingeredet, mit der einzigen möglichen Folge belastender Unzufriedenheit. Das vielleicht größte Geschenk der Evolution hat eben auch seine Kehrseite: Es macht manchmal krank und eigentlich nur bei weiser Nutzung glücklich. Die Vorbereitung auf den rechten Gebrauch ist eine ständige und unabwendbare Herausforderung für die Pädagogik.

Wir wollen hier nicht auf die Aufspaltung des Ich im Rahmen einer krankhaften Schizophrenie eingehen, sondern einen relativ intakten Personkern voraussetzen. Doch auch im Normalfall ist die unterschiedliche Ausgestaltung von Verhalten und Ritualen z.B. in den Bereichen Eheleben – Familienleben – Arbeitsgruppe (Handwerksbetrieb, Bauernhof, Fabrik) – Religionsgemeinschaft seit biblischen Zeiten ganz normal und schon bei Tieren angedeutet (Nestbindung der Stare im Frühjahr, Zusammenrottung im Spätsommer zum Plündern der Weinberge, um ein Beispiel zu nennen). Die Lebensweise der Industriegesellschaft treibt die Aufspaltung der Lebensbereiche, in denen das selbe Individuum »zu Hause« ist, oft bis zur psychischen Überforderung, da die Nöte der örtlichen Flexibilität und zeitlich wechselnden Zugehörigkeit zu Tugenden erklärt worden sind. Dann geht aber die Integrität der Person manchmal verloren, in der z.B. biedere Normen im häuslichen Bereich unverbunden neben Härte im Berufsleben und sexueller Freizügigkeit anderswo stehen können. Immer wieder liest man über Leute mit ausgesprochenem Doppelleben, wie den Außendienst-Mitarbeiter mit mehreren Familien oder den Facharbeiter, der nebenberuflich in einer Verbrecherbande tätig ist. Dies wird hier erwähnt, um auf diese Ausweitung der menschlichen Verhaltensweisen hinzuweisen, die von der luxuriösen Ausgestaltung des Inneren Repräsentationsraumes beim Menschen ermöglicht wird.

Die Wurzeln des begrifflichen Denkens

Nicht nur bei den Tieren, sondern auch beim Menschen sind die verschiedenen Motivationen gewöhnlich mit ihren Gegenmotivationen zusammengeschaltet. Sie halten einander meist zurück, sodass vorschnelle Aktionen vermieden werden, bis der Durchbruch eventuell recht plötzlich erfolgt. Das scheint nicht besonders gut zu irgendeiner geistigen Produktion zu passen, und tatsächlich ist es schwer, im Hin und Her des alltäglichen Mit- und Nebeneinanders der Leute mehr zu sehen, als eben alltägliches Verhalten. Zwar bezieht das menschliche Verhalten, mindestens so weit es als gelungen empfunden wird, wichtige Leitstrukturen aus geistiger Produktion, aber diese macht selber nur selten einen dominanten Teil der Aktivität aus. Wir sehen die fruchtbaren Ideen nur hier und da blühen und manchmal reifen, sei es bei Einzelnen oder im Gedankenaustausch und oft auch unter absichtsvoll herbeigeführten Sonderbedingungen, wie in manchen Institutionen der Wissenschaft. Und obwohl ihre Früchte durch Lernen und Traditionsbildung im Laufe vieler Jahrtausende zu einem riesigen Fundus angehäuft wurden, pflegen sie das tägliche Leben nur indirekt zu prägen. Das geschieht noch dazu in verschiedenen Gemeinschaften sehr unterschiedlich, ja oft im Zusammenhang mit trennenden Ideologien. Dieses Verhältnis zum Alltagsleben müssen wir immer berücksichtigen, wenn von den kulturellen Errungenschaften die Rede ist, wie hier von der Evolution des begrifflichen Denkens.

LORENZ (1979) sieht als Voraussetzung für begriffliches Denken, Wortsprache, Anhäufung überindividuellen Wissens, Handlungsfolgen-Abschätzung und damit verantwortliche Moral die Integration bestimmter Funktionen zu neuen, »*wahrhaft epochemachenden*« Leistungen an. Er hält diese Integration für das bei der Menschwerdung zentral wichtige Evolutionsgeschehen. Die Teilfunktionen sind:

Abstraktion bei der Wahrnehmung; Raumorientierung mit zentraler Repräsentation des Raumes; Neugierverhalten (bei dem das Ziel der Appetenz nicht mehr das Erreichen des Zieles ist, sondern der Lernvorgang selbst, also der Weg; sie bleibt dem

Menschen auch nach der Pubertät erhalten) und Selbstbeobachtung (Hand und Gegriffenes sind gleichzeitig im Blickfeld); deren Integration durch einen Vorgang der Einsicht und des Speicherns = Lernens (dessen zugehörige Nervenimpulse neuerdings sichtbar gemacht werden können) mit einem gewissen Zeitbedarf; mit integriert sind Willkürbewegungen und davon hervorgerufene Rückmeldungen; und schließlich die Nachahmung.

Dem schließt sich das Tradieren des Erfahrenen und Erlernten an, das beim Tier objektgebunden bleibt, beim Menschen aber durch die Begriffe seiner Wortsprache immer weniger objektgebunden ist, was ihm »*die Möglichkeit gibt, Tatsachen und Zusammenhänge ohne das konkrete Vorhandensein des Objektes weiterzuvermitteln*« (LORENZ 1979).

Keine der Teilfunktionen gehört dem Menschen allein, aber in jeder übertrifft er die Tiere. Für begriffliches Denken und Wortsprache sind sie alle notwendig. »*Jede von ihnen hat ihre besonderen Leistungen, auf die ihre ursprünglichen Funktionseigenschaften zugeschnitten sind. Umso wunderbarer ist ihre Integration in ein übergeordnetes Systemganzes, das sich von allen vorher existenten lebenden Systemen durch einen ›Hiatus‹ absetzt, der kaum minder groß ist als jener andere, der das Leben von der anorganischen Materie trennt*« (LORENZ a.a.O.). Jeder Evolutionsschritt, und erst recht dieser, schafft einen wesensmäßigen Unterschied!

Weite Bereiche der Menschwerdung fügen sich also gut in das evolutionäre Weltbild ein. Allerdings bleibt eine zentrale Frage offen: Die Menschwerdung könnte nur dann einzig der autonomen Evolution zugeschrieben werden, wenn diese auch Herkunft und Art der zentralen Repräsentation des Raumes erklären und so das Wesen des Menschen voll und ganz aussagen würde. Es bleibt eine Lücke in der vollständigen Erklärung des Menschen, die wir im folgenden Kapitel konstruktiv aufgreifen werden.

Übrigens wollen wir LORENZ keineswegs unterstellen, er hätte diesen Erklärungsnotstand übersehen. Zwar ist er mit Hinweisen sehr zurückhaltend. Er hat im genannten Text das Leib-Seele-Problem nicht diskutieren wollen, und zwar wohl wegen der methodischen Unzugänglichkeit. Wir erfahren immerhin, dass die

Kluft zwischen Leiblichem und Seelischem prinzipiell andersartig ist, als die Schicht-Übergänge vom Unbelebten zum Belebten und vom Tierischen zum Menschlichen. »*Die Eigengesetzlichkeiten des Erlebens können grundsätzlich nicht aus chemisch-physikalischen Gesetzen und aus der, wenn auch noch so komplexen, Struktur der neuro-physiologischen Organisation erklärt werden*« (LORENZ 1979).

Der Innere Vorstellungsraum und das wachsende Ausdrucksvermögen

Die innere Welt und ihre Kontakte zur Außenwelt, deren Herkunft außerordentlich tief im Biologischen liegen, haben sich beim Menschen so weit entwickelt, dass sie über den Tag hinaus geplante Handlungen möglich machen. Auch erlaubt der Innere Vorstellungsraum eine Konkretisierung und Bereicherung der Innerlichkeit, was die Ausdrucksfähigkeit enorm steigert. Spätestens die Vorstellungswelt, die man hinter dem berühmten Fund von Blumen-Pollen im Grab eines Neandertalers aus der Shanidar-Höhle im Irak durch das Archäologen-Ehepaar SOLECKI und die Paläobotanikerin ARLETTE LEROI-GOURHAN annehmen muss, bestätigt, dass der Innere Vorstellungsraum zum Spielplatz unserer Emotionen wurde. Eros, Kunst und Religion sind von ihren Anfängen an hier zu Hause, haben vielleicht sogar das älteste Wohnrecht. Manche Biologen glauben einen ganz körperlichen Ort für diese Innerlichkeit gefunden zu haben, die rechte, »stumme« Großhirnhälfte. Die Innerlichkeit selbst ist allerdings nicht auf eine bestimmte Gehirnregion zu beschränken, und es ist überhaupt nicht recht vorstellbar, wie sie einfach eine anatomische Struktur sein könnte.

In der linken Großhirnhälfte andererseits, die einen »guten Draht« zum Sprachzentrum hat und deren Arbeitsergebnisse daher leichter nach außen dringen, sind dann mehr die analytischen und technischen Fähigkeiten ansässig, die dazu neigen, sich vorlaut zu Wort zu melden. Erst eine ausgeglichene Beanspruchung und Zusammenarbeit beider Hemisphären bringen die volle Gestalt des menschlichen Geistes hervor.

114

4.3 Von der Phantasie zur Technik – ein ergänzungsbedürftiger Weg

Was für die körperliche Entwicklung die Veränderlichkeit des Erbgutes ist, nämlich eine Quelle für auslesebedürftiges Rohmaterial, das ist nun für die Entwicklung des Verhaltens die Phantasie: Auch sie liefert auslesebedürftiges Material. Für die entsprechende Selektion sorgen die geistigen Tätigkeiten. Die geistige Entwicklung wurde vorbereitet und noch über lange Zeit hinweg begleitet durch die körperliche Weiterentwicklung des Gehirns, das an Größe und Komplexität und Flexibilität bei der Verknüpfung von Eindrücken zugenommen hat. Es ist sogar zu hoffen, dass diese körperliche Entwicklung unserer noch immer unvollkommenen geistigen Entwicklung weiterhin zu Hilfe kommt.

Geistiges Leben ist überindividuell. Durch sozialen Kontakt, durch Kommunikation können neue Verhaltensweisen aus der bloßen Phantasie heraustreten, oft geradezu im Gegensatz zum Gelernten und vor einer Prüfung an der Realität. Dies kann neue, manchmal auch gefährliche Verhaltensnormen erzeugen, die bisweilen sogar über Individuen und Generationen hinausreichen und den Inhalt der Tradition zu verändern suchen. Tradition und der Zudrang neuer Verhaltensnormen stehen in einem dialektischen Prozess, mit These, Antithese und, wenn sie gelingt, Synthese. Gelingt die Synthese nicht, haben die zugehörigen Gruppen ein ungelöstes Problem; vielleicht zerfallen sie, teilen sich, oder ihre Kultur stirbt aus.

Worin besteht nun die Auslese in so einem Entwicklungsprozess? Zunächst ist da einfach die Beachtung oder Nicht-Beachtung durch die Vielen. Die Gründe hierfür scheinen eher trivial zu sein. Trotz ihrer großen Wirksamkeit sind sie uns noch so weitgehend dunkel, dass wir sie hier nicht diskutieren sollten. Danach ist es die Prüfung des Sachverhaltes selbst: durch Nachdenken, Diskussion, Erfahrung und Ausprobieren. Wie wir an uns selber erfahren, erfolgt diese notwendige Prüfung oft nicht rechtzeitig.

Eine neue Verhaltensweise ist zwar um Größenordnungen schneller etabliert als eine körperliche Veränderung. Sie kann aber auch leichter in die Irre gehen, in Sackgassen führen, Gefahren schaffen statt sie zu bannen, ehe sie irgendwann im Feuer ihrer Unverträglichkeit mit der Umgebung ausbrennt. Auch dies alles bahnt sich tief im Tierreich an und zeigt beim Menschen ein riesiges Potential zum Segen und zum Fluch.

Da haben wir nun die Grundlagen für fast alles, was den Menschen groß macht: die ganze Welt der Technik mit der Verbesserung der Versorgung, den Mitteln gegen Krankheiten, der Aneignung des Wissens und einer schon vom Weltraum her sichtbaren Bautätigkeit. Und leider gehört dazu auch eine gewaltige und gewalttätige Kriegstechnik. Das Bibliotheken füllende und alle Lebensbereiche betreffende Thema der Entwicklung der Techniken bedarf in unserem Zusammenhang keiner weiteren Betrachtung. Es ist nur festzustellen, dass die Technik immer noch der Kontrolle ihrer Folgen davoneilt. Besonders gibt es bisher höchstens Teilerfolge bei der Verbesserung des Zusammenlebens von Menschen und Völkern, beim Erreichen der Nachhaltigkeit in der Nutzung der Ressourcen, beim Etablieren einer relativ gerechten Wirtschaftsordnung und bei der Kontrolle von Macht. Noch weniger ist für ein Zusammenleben mit den anderen Lebewesen geschehen, das die Gegenseitigkeit der Abhängigkeit berücksichtigt. Und dabei wäre dies alles für unsere weitere Existenz so wichtig.

Man muss es ja zugeben: Die Natur kannte bisher keine Nachhaltigkeit und kein Bleiben! Der menschliche Geist hat den Wunsch nach Dauer hervorgebracht und versucht, sich diesen zu erfüllen, mit Erfolgen in den Produkten der Phantasie und mit gewissen Ansätzen in der Lebenspraxis.

Eine geistige Leistung wäre es, die zyklischen Krisen der Landnutzung zu vermeiden, von denen der Zusammenbruch der frühmittelalterlichen Welt nur eine in einer ganzen Reihe ist. Ihnen liegt folgender, wenig bekannter Zyklus zu Grunde: Ausbau der Produktion mit Ausdehnung der gerodeten Flächen, Überbevölkerung, Übernutzung der Ressourcen und Zusammenbruch

116

durch (weitgehend irreversible) Bodenvernichtung, Armut, Seuchen mit Minimierung der Bevölkerung und Wiederbewaldung der Nutzflächen. Diese Krisen wurden erst neuerdings erforscht (BORK et al. 1998).

Wir sind auch nicht grundsätzlich zu den zyklischen Krisen der Marktwirtschaft verdammt, deren Lösung wohl nur noch durch Tabus verhindert wird. Es gibt Ansätze für ein erfolgreiches Krisen-Management. Ein frühes Beispiel gibt die Entwicklung der »Kulturen« der Steinbearbeitung, denen es gelang, die Ressource Feuerstein zunehmend sparsamer auszunutzen, so dass schließlich aus einer Knolle sehr viele Geräte geschlagen werden konnten (CONSTABLE et al. 1973, 125). Und es gibt heute die Bemühungen um nachhaltige Bodennutzung und um ein verantwortliches Maß bei der Bevölkerungszunahme; sie werden freilich meist halbherzig betrieben und haben bis jetzt entsprechend geringen Erfolg.

Ohne Zweifel stellt die Verfügbarkeit jener geistigen Kräfte, die schließlich zu den spektakulären Leistungen von Tradition, Kultur und Technik geführt haben, eine wichtige und auffällige emergente Eigenschaft der Menschheit dar, welche die Welt verändert hat. Aber dieser Bereich bedarf einer Ergänzung, um das Menschenleben nicht in eine Katastrophe auslaufen zu lassen. LORENZ (1963) stellt zwar die möglichen Strategien der Menschheit zur Überwindung der todbringenden Auswüchse der innerartlichen Selektion auf die breitere Grundlage des menschlichen Verhaltens. Er bekommt aber die Quelle der wichtigsten Motivationen auch nicht in den Blick, irgendetwas fehlt.

Wir können aus den genannten Defiziten der Technik schließen, dass die notwendige Ergänzung eine ethische und eine kommunikative Dimension haben wird; und weiterhin müssen wir vermuten, dass sie nicht einfach zu all dem bisher Dargestellten gehört.

5 Das Dialogische Prinzip beim Menschen als eine emergente Eigenschaft

Suchend wenden wir uns daher jenem Bereich des menschlichen Lebens zu, der von evolutionstheoretischen Betrachtungen bisher ausgeschlossen ist, weil er sich weder mit biologischen noch mit technischen Begriffen angemessen beschreiben lässt und allein aus Tradition und Kultur heraus nicht recht verstanden werden kann. Vielleicht müssen wir uns den Vielen anschließen, die das eigentlich Menschliche außerhalb des wissenschaftlich-technischen Bereichs suchen? Literatur, Philosophie, Künste und besonders die Religionen beschäftigen sich damit seit Urzeiten. Was ist es, das immer wieder jene großzügige, freundliche und andere Menschen zur Geltung bringende Wesensart möglich macht, die so wohltuend mit den Möglichkeiten der Tiere kontrastiert? Wie ist diese andere Seite des Menschlichen im Bereich der Humanwissenschaften, der Literatur und der Religion dokumentiert? Wohl kaum unter dem Gedanken der Evolution; statt dessen für uns wahrscheinlich schwer einzuordnen und übersetzungsbedürftig.

5.1 Suchen im Umkreis dessen, was man humanes Verhalten nennt

Wir verlassen also vorerst jenen Teil der menschlichen Aktivität, der zwar das Biologische übersteigt, aber doch im Rahmen von Integration, Variation und Auslese bleibt, und der im allgemeinen Denken unterschwellig als unedler und weniger menschlich gilt. Wodurch ist der andere Teil ausgezeichnet, zu dem Verhaltensweisen gehören, die in einem engeren Sinne als human bezeichnet werden? Finden wir hier das Neue, von dem wir gerade gestehen mussten, dass wir es in den Begriffen der niederen Seinsschichten nicht auszudrücken vermögen?

Von weit her kam die I n n e r l i c h k e i t, wir sind ihr früh in der Evolution begegnet. Nachdem sie im Inneren Vorstellungsraum einen Ort gefunden hatte, an dem sie sich auf völlig neue Weise entfalten konnte, wurde sie bei der Menschwerdung zu einer Grundbedingung dessen, was wir als das humane Verhalten empfinden.

Neuer ist die P e r s o n a l i t ä t, die wir Wesen zusprechen, die um sich und ihre Beziehungen zu anderen wissen und dies ausdrücken können. Sie wird während der Evolution zum Menschen möglich. Eine Voraussetzung ist die Bereitstellung des Inneren Vorstellungsraumes, in dem sich das zusammenfindet, was wir Ich oder Selbst nennen. Zur Selbstfindung gehört die Aussage einer Zugehörigkeit, die erst mit einem Eigennamen einigermaßen komplett ist. Das Vermögen zum Dialog ist vielleicht keine zwingende Voraussetzung; aber normalerweise kommt das Ich erst mit einem Du zur Vorstellung (wobei das Schweigen nach außen reiche Dialoge in der Vorstellungswelt nicht ausschließt). Prinzipiell schließt sich die Personalität der Sozialisierung an, die bereits mit der biologischen Herkunft des Menschen gegeben ist.

Beim Menschen hat sich der Innere Vorstellungsraum derart erweitert, und die gedanklichen Operationen sind nun so flexibel, dass sich das Individuum hinausdenken und in gewissem Maße in Situationen, Personen und ansatzweise sogar in andersartige Lebewesen einfühlen kann. Diese ausbaufähige F ä h i g k e i t z u r T r a n s z e n d e n z erlaubt es, miteinander zu reden, ohne notwendig aneinander vorbeizureden. Sie muss in jedem Menschen neu heranreifen.

Unsere kleine Sammlung zum Humanum gehöriger Begriffe vervollständigen wir durch jenes Phänomen, das als höchstrangige Möglichkeit des Menschen angesehen wird: die Liebe. Der Begriff der Liebe wird oft missbraucht? Nun, so wollen wir vereinbaren, ihn hier im Sinne von tiefer Freundschaft zu verwenden. Wir müssen das geistige Geschehen dann ernst nehmen, wenn es sich im Praktischen manifestiert. Und es wird manifest: Seit Urzeiten setzt sich ein Mensch für den anderen ein ohne auf Lohn aus zu sein, aus nichts als Liebe. Nur wo dies immer wieder geschieht, herrscht Menschlichkeit, was man in der Phantasie prüfen mag, indem man sich alle Taten der praktizierten Liebe einmal wegdenkt aus der eigenen Umgebung. Als ein Leitmotiv der menschlichen Evolutionsstufe ist die Liebe der Aufmerksamkeit der Dichter, Maler und Musiker nicht entgangen, und wir alle kennen starke Zeugnisse davon. Hier nur ein Hinweis auf diese in dunkler Zeit einzige Hoffnung, den VIKTOR MANN (1949) für sich und seine Brüder Heinrich und Thomas als Schluss seines Buches gibt. Er endet nämlich mit dem Satz: *»Und auch ich glaube in unserer dunklen Nacht noch an das Gute, an Gott im Menschen – an die L i e b e.«*

LORENZ (1982) zählt die Liebe neben Hass, Freundschaft, Zorn, Treue usw. zu den menschlichen Antrieben, nimmt an, dass *»jeder dieser Bezeichnungen für menschliche Seelenzustände und Handlungsbereitschaften ein reales Antriebs-System entspricht, wobei es vorläufig unwesentlich ist, zu welchen Anteilen der betreffende Antrieb seine Kraft aus phylogenetischen oder aus kulturellen Quellen schöpft.«* Er findet aber keine Wertung, sondern verblüfft uns mit der Behauptung, die Vorstellung *»dass Liebe, Treue und Vertrauen an sich gut, Hass, Untreue und Misstrauen an sich böse seien, stammt nur daher, dass in unserer Gesellschaft im allgemeinen an den ersten Mangel, an den zweiten Überschuss herrscht.«* Hier gilt also die Liebe nur als irgendein Antrieb neben anderen, während doch anderswo das Hohe Lied der Liebe gesungen wird – wie kommt es dazu?

Eine der Ursachen für diese unterschiedliche Bewertung liegt wohl an den ganz verschiedenen Begriffssystemen, aus deren Bereich die Aussagen kommen. Wie die Liebe vordem in der abendländischen Welt erfahren und beschrieben wurde, das kann in biologischer Terminologie nicht ausgedrückt werden. Aber darf man folgern, dass nicht sei, was sich nicht ausdrücken lässt? Es ist doch selbstverständlich, dass man über eine neue Seinsstufe in den Begriffen der vorherigen keine Auskunft erhält – man muss außerhalb der Biologie nach einer angemessenen Sprache suchen. Schließlich redet man doch auch über Chemie nicht angemessen in der Sprache der Physik, und man muss Biologisches in Begriffen darstellen, die der Chemie fehlen. Die offenkundige Notwendigkeit, menschliches Verhalten in einer anderen Sprache als der biologischen darzustellen, ist geradezu ein Beweis dafür, dass der Mensch damit eine höhere Seinsstufe erreicht hat. Unzugänglichkeit in der biologischen Begriffswelt, aber angemessene Darstellbarkeit mit eigenen Begriffen – das ist ein notwendiges Kriterium für den Sprung zu einer neuen Seinsschicht. Daher können wir nur in einem Sprachfeld, das auch überbiologisches menschliches Verhalten darzustellen gestattet, Hinweise auf die zugehörigen emergenten Eigenschaften erwarten.

MONTESSORI (nach der deutschen Auflage von 1991) übersetzt ungefähr das, was BUBER Dialogisches Prinzip nennt, mit DANTE als ›intelletto d'amore‹ (Schaukraft der Liebe) und überschreibt damit das 17. Kapitel des zitierten Buches. MARIA MONTESSORI (1870-1952) hatte erfahren, dass die Liebe, von der nach ihrer Beobachtung das Bewusstsein des Kindes erfüllt ist, kein bloßer Reflex auf die Liebe der Eltern ist und nicht aus dem sozialen Lernen kommt, sondern von einem Impuls aus dem Inneren des Kindes herrührt. Das bestärkt unsere Vermutung, dass sie zu den emergenten Eigenschaften der menschlichen Seinsstufe in enger Beziehung steht. Notwendig erscheint mir ein Hinweis darauf, dass die Liebe selbst keinen fordernden Charakter hat, obwohl dieser aus anderen Bereichen des menschlichen Charakters hinzutreten kann. Die Liebe ist dem effektiven Zusammenwirken der Partner dienlich, und dieses begünstigt dessen Dauer. Dazu gehört Einfühlung. Sobald diese gelingt, kann grundsätzliches Anders-Sein erkannt und respektiert werden. Wird daraus Zusammenleben, dann muss gerade der eng vertraute Partner (auch Ehepartner, auch Kind) über seinen innersten Bezirk frei verfügen können. Erst dann ist seine Würde gewahrt, er kann seinem Wohlwollen, seiner Liebe frei Ausdruck geben und ist für das immer notwendige gemeinsame Tun motiviert. So ergibt sich aus der vorgegebenen Anlage des Menschen heraus ganz von allein ein kaum zu brechendes Bedürfnis nach Unantastbarkeit. Das Ziel der Liebe

122

heißt Kommunikation und nicht Herrschaft. In allen diesen Fällen, Innerlichkeit, Personalität, Fähigkeit zur Transzendenz und Liebe, tritt uns kein fertiges Merkmal entgegen. Es wird vielmehr optimiert, indem es vom Einzelnen zunehmend erworben und eingeübt und ergänzt wird. Es kann auch verweigert und durch Selbstbornierung (LIEBRUCKS 1958) verschüttet werden.

Dialogisch – ein wichtiger Begriff im Hintergrund

Es scheint nicht möglich zu sein, diese Phänomene direkt in die Evolutionstheorie einzubetten. Vielmehr ist eine Fähigkeit zu suchen, auf der sie alle aufbauen, und deren Relevanz für die menschliche Entwicklung ist dann zu prüfen. Für mich wurde das möglich, weil uns damals, 1960 im Kieler Pädagogischen Seminar, KAUFMANN entsprechende Gedanken BUBERs nahe gebracht hatte. Seit dieser Zeit war mir dessen »Dialogisches Prinzip« als ein Schlüssel zum Verständnis wichtiger menschlicher Eigenheiten erschienen. Die genannten Phänomene, und besonders die Liebe, bauen zweifellos auf diesem Vermögen zum Dialog auf, denn nur auf dieser Grundlage des Dialogischen kann sich die erforderliche innere Zustimmung zum anderen Menschen ausbilden. Nun ist das Dialogische Prinzip vorzustellen, und dann muss geprüft werden, ob damit die emergente Eigenschaft beim Menschen gefunden ist, die wir als notwendige Ergänzung suchen.

Die Notwendigkeit einer angemessenen Sprache

Aber gerade über das Dialogische können wir in den Kategorien der Biologie nicht angemessen sprechen. Vielmehr ist es ein eigenständiger Begriff, der für ein neu auftauchendes Phänomen geprägt wurde und nun in einen geeigneten sprachlichen Zusammenhang eingepasst werden muss.

Während sich das alltägliche, sachbezogene »Es« noch in einer weiterentwickelten Biologensprache verwenden lässt, sind wir für das Grundwort »Ich – Du« des Dialogischen (s.u.) zwingend auf eine andere Sprache angewiesen. Wir kennen sie von den Dichtern und Philosophen her; aber von dieser muss nun eine Brücke geschlagen werden zur Sprache der Naturwissenschaftler. Der Weg geht in unserem Fall über eine thematische Beschränkung auf das »dialogische Denken« (vgl. CASPER, 2002), und ich werde die notwendigen Begriffe von MARTIN BUBER übernehmen und versuchen, mit ihrer Hilfe das Dialogische Prinzip in das von den Anfängen herauf geführte evolutionäre Weltbild einzufügen.

Übrigens erweist gerade die Notwendigkeit, neue Begriffe einzuführen, das Dialogische als eine Neuerwerbung, die nicht aus Vorhandenem abgeleitet werden kann – als eine emergente Eigenschaft des Menschen.

5.2 Das Dialogische Prinzip nach Buber

Was genauer unter »dialogisch« zu verstehen ist, darüber informieren wir uns also bei MARTIN BUBER; denn das ist ein Leitthema seines gedankenreichen Werkes.

Auskunft geben uns BUBERs »Reden über Erziehung« (1964), vor allem aber die Schriften »Ich und Du«, »Zwiesprache«, »Die Frage an den Einzelnen« und »Elemente des Zwischenmenschlichen«, die von BUBER unter dem Titel »Das Dialogische Prinzip« zusammengefasst wurden und ein »Nachwort« zur Geschichte des Dialogischen Prinzips bekommen haben. Sie sind als Taschenbuch wieder zugänglich (BUBER 2002). Führen uns schon die Reden über Erziehung weit weg vom Problemkreis der Evolution, so geraten wir in den Schriften zum »Dialogischen Prinzip« geradezu in eine andere Welt hinein. Von seiner fast hymnischen und doch übergenauen Sprache wird hier möglichst viel wörtlich übermittelt. BUBER beschreibt die Erfindung des Du-Meinens aus biblischem Denken heraus im Dialog mit KIRKEGAARD, STIRNER und NIETZSCHE (und anderen), wohl Antwort suchend auf die Fragen der Phänomenologie und des Existenzialismus, und er findet in der Wärme der Menschlichkeit einen Schutz vor dem Anhauch des immer kälter und gewalttätiger werdenden Zeitgeistes. Das alles geht uns an, denn da geht es schließlich um die Rettung aus einer Sackgasse der Evolution, die LORENZ (1982) als pathologisch gekennzeichnet hat.

Das Phänomen des Du-Sagens und sein Umfeld

Nach BUBER (1964) lernt man »*das Objektsein der Welt von innen her, ... aber ihr Subjektsein, ihr Ichsagen nicht, als auch ihr Dusagen nicht. Was uns zur Erfahrung des Dusagens bringt, ... ist der Trieb der Verbundenheit. ... Das Kind ... geht darauf, im Angesicht der einsamen Nacht, die hinterm Fenster sich breitet und einzudringen droht, die Verbundenheit zu erfahren.*« Freiheit ist eine wichtige Voraussetzung der Erziehung, aber der Gegenpol zum Zwang ist die Verbundenheit, die der Freiheit erst Gehalt und Richtung gibt.

BUBER (2002) leitet das Dialogische Prinzip ab aus der Möglichkeit zum Sprechen und Denken. Er geht aus von den Grundworten, die wir mit dem Wesen sprechen und die einen eigenen »*Bestand begründen*«. »*Es gibt kein Ich an sich, sondern nur das Ich des Grundworts Ich-Du und das Ich des Grundworts Ich-Es. ... Das Leben des Menschenwesens besteht nicht ... aus Tätigkeiten allein, die ein Etwas zum Gegenstand haben. ... All dies und seinesgleichen zusammen gründet das Reich des Es. Aber das Reich des Du hat anderen Grund. ... Wer Du spricht, hat kein Etwas, hat nichts. Aber er steht in der Beziehung. ... Die Welt der Erfahrung gehört dem Grundwort Ich-Es zu. Das Grundwort Ich-Du stiftet die Welt der Beziehung. Drei sind die Sphären, in denen sich die Welt der Beziehung errichtet. ... Das Leben mit der Natur. ... Das Leben mit dem Menschen. ... Das Leben mit den geistigen Wesenheiten.*« Über die (ontologische) Folge der beiden Grundworte lernen wir: »*Das erste zerlegt sich wohl in Ich und Du, aber es ist nicht aus ihrer Zusammenlegung entstanden, es ist vorichhaft; das zweite ist aus der Zusammenlegung von Ich und Es entstanden, es ist nachichhaft*« sowie »*Und in allem Ernst der Wahrheit, du: ohne Es kann der Mensch nicht leben. Aber wer mit ihm allein lebt, ist nicht der Mensch*« und »*Die dialogische Grundbewegung ist die Hinwendung*« (BUBER 2002).

Dialogisches Verhalten erfordert zwingend eine Umkehr der zunächst durch Machttrieb und Eros bestimmten, wesentlich zentrifugalen Bewegung durch ein Schlüssel-Erlebnis, die Erfahrung der Gegenseite (BUBER 1964). Was geschieht, wenn jemand – einen Augenblick lang – die gemeinsame Situation von der Gegenseite aus erfährt, wenn beispielsweise ein Schlagender diesen seinen Schlag als der Stillhaltende selber empfindet? Nach BUBER folgendes: »*Die Wirklichkeit tut sich ihm an. Was wird er tun? Er übertobt die Seele oder sein Trieb kehrt um.*« In freier Entscheidung wird er also entweder die Gegenseite erfahren und dem Trieb der Verbundenheit nachgeben, oder er wird die beginnende Erfahrung »übertoben« und sich gegen die Verbundenheit sperren. Diese Möglichkeit zur Verweigerung begleitet das Dialogische überall.

Aber die Analyse geht weiter, denn BUBER ist ein genauer Beobachter, und offensichtlich handelt es sich um eine differenzierte Begebenheit. Demnach geht es nicht darum, »*dass der Mensch, dem solches widerfährt, fortan in jeder Begegnung solchermaßen doppelseitig empfinden sollte ... die eine äußerste Erfahrung macht ihm den andern für alle Zeit gegenwärtig*«. Jene Handlungen mit nur einer Richtung sind dem Täter fortan nicht mehr erträglich.

So den Anderen umfassend kann Macht zu Führung, kann Eros zu Liebe werden. »*U m f a s s u n g, das ist die volle Gegenwärtigung ... des ›Partners‹, nicht mit der Phantasie, sondern mit der Aktualität des Wesens.*«

Was also ist das Dialogische Prinzip? ...

Daraus ergibt sich folgende auch in unserem Zusammenhang verwendbare Definition des Dialogischen Prinzips: »*Ein Verhältnis zweier Personen, das in geringerem oder höherem Maß von dem Element der Umfassung bestimmt ist, mögen wir ein dialogisches nennen*« (BUBER 1964).

Echter Dialog ist nach BUBER der geredete oder auch geschwiegene, »*wo jeder der Teilnehmer den oder die anderen in ihrem Dasein und Sosein wirklich meint und sich ihnen in der Intention zuwendet, dass lebendige Gegenseitigkeit sich zwischen ihm und ihnen stifte*«. Er macht darauf aufmerksam, dass auch in der modernen utilitaristischen Kultur, in der echte Dialoge eher den Betrieb stören, sich »*in allerlei Schlupfwinkeln die wirkliche Zwiesprache verbirgt und gelegentlich in ungebührlicher Weise ... etwa im Tonfall eines Bahnschaffners, im Blick einer alten Zeitungsverkäuferin, im Lächeln des Schornsteinfegers, überraschend und unzeitgemäß hervortaucht.*« »*Dialogisches Leben ist nicht eins, in dem man viel mit Menschen zu tun hat, sondern eins, in dem man mit den Menschen, mit denen man zu tun hat, wirklich zu tun hat*« (BUBER 2002). Einsamkeit berührt das

Dialogische nicht. Mit dem Gegensatz von Egoismus und Altruismus hat es wenig zu tun, dialogisch ist man nicht, indem man sich mühelos übers Ohr hauen lässt. Und zu unserer Verwunderung: »*Mit der Liebe ist die Dialogik erst recht nicht gleichzusetzen.*« Denn es gibt da jene Liebe ohne Dialogik, und die »*bei sich bleibende Liebe ist es, die Luzifer heißt.*« Die Umfassung darf auch nicht mit Einfühlung gleichgesetzt werden: Einfühlung ist mit der Aufgabe der eigenen Konkretheit und der realen Situation verbunden, Umfassung bedeutet im Gegenteil: »*ein ... Verhältnis zweier Personen zueinander, ... ein gemeinsam erfahrener Vorgang, an dem jedenfalls eine der beiden tätig partizipiert*« und »*dass diese eine Person den gemeinsamen Vorgang, ohne irgendetwas von der gefühlten Realität ihres eigenen Tätigseins einzubüßen, zugleich von der anderen aus erlebt.*«

Für uns ist auch die Erkenntnis wichtig, die uns zur eigenen Erfahrung zurücklenkt: Dass der dialogische Mensch keineswegs im Zustand der reinen Beziehung verharren kann. Die Umfassung selber dauert, »*aber im Wechsel von Aktualität und Latenz.*« »*In der reinen Beziehung aber ist die Latenz nur das Atemholen der Aktualität, darin das Du präsent bleibt*« (BUBER 2002).

»*Die Sphäre des Zwischenmenschlichen ist die des Einander-gegenüber; ihre Entfaltung nennen wir das Dialogische*«. Konstituierend für einen dialogischen Akt ist, dass jemand jemandem etwas (ein Wort, eine Geste vielleicht) sagt, was Antwort will, sowie beim Angesprochenen ein Innewerden. Da dem Dialogischen eine (biologische und kulturelle) Entwicklung von Sprache voraus liegt, so ist damit auch eine Grenze des Dialogischen festgestellt, und entsprechend lesen wir bei BUBER: »*Die Möglichkeitsgrenzen des Dialogischen sind die des Innewerdens.*« Wenn so viel am Innewerden liegt, dann also an uns, und nun weitet BUBER das Ansprechende aus: Auch »*Was mir widerfährt ist Anrede an mich. Als das, was mir widerfährt, ist das Weltgeschehen Anrede an mich*« (BUBER a.a.O.).

... Und was ist es keinesfalls?

Wir haben bereits wichtige Kriterien zur Abgrenzung des dialogischen gegen andere Verhaltensmodi genannt. Eine Grenze, der wir in diesem Text immer wieder in dieser oder jener Form begegnen, ist aber so wichtig, dass wir ihr diesen kleinen Absatz widmen, damit sie niemandem entgehe. Wenn wir an die Umfassung und an die Erfahrung der Gegenseite denken, kommen uns vielleicht Worte wie »absolute Hingabe« in den Sinn. Diese enthalten auch die Möglichkeit der Selbst-Aufgabe und der totalen – einseitigen oder gegenseitigen – Vereinnahmung und Entgrenzung. Hier ist in aller Klarheit zu betonen, dass das Dialogische Prinzip dieses und jedes totalitäre Verhalten ausschließt. Es lässt sich unter solchen Bedingungen auch gar nicht verwirklichen.

Das Dialogische als ein Schlüssel zur Menschwerdung

Nochmals lesen wir im Nachwort des Bandes, wie eng BUBER das Dialogische Prinzip mit der menschlichen Existenz verknüpft sieht. Im folgenden Zitat sehen wir eine wichtige Bestätigung für dessen Charakter als einer führenden emergenten Eigenschaft des Menschseins:

> »Zu allen Zeiten wohl ist geahnt worden, dass die gegenseitige Wesensbeziehung zwischen zwei Wesen eine Urchance des Seins bedeutet, und zwar eine, die dadurch in die Erscheinung trat, dass es den Menschen gibt. Und auch dies ist immer wieder geahnt worden, dass der Mensch eben damit, dass er in die Wesensbeziehung eingeht, als Mensch offenbar wird, ja dass er damit und dadurch zu der ihm vorbehaltenen gültigen Teilnahme am Sein gelangt, dass also das Du-Sagen des Ich im Ursprung alles einzelnen Menschwerdens steht.« In der Zwiesprache erkennt BUBER einen Schlüssel zur Menschwerdung, denn: »Wenn aber das Wort zu uns kommt und die Antwort aus uns kehrt, gibt es, wie auch noch gebrochen, das menschliche Leben auf der Welt« (BUBER 1964).

Fragen wir nach dem Ziel, das der Mensch mit dem dialogischen Verhalten erreichen kann, so bekommen wir – wenn auch in einem anderen Zusammenhang – darauf eine kurze, präzise Antwort: »*... das Ziel, das er erreicht, wird nicht anders aussehen als der Weg, auf dem er es erreichte*« (BUBER 1964). Und das ist dann auch die kürzeste Kennzeichnung der seit der Emergenz des Dialogischen Prinzips vom Menschen erreichbaren Entwicklungsstufe: eine Existenz mit dialogischem Charakter. Die drei von BUBER beobachteten Gestalten des Dialogischen Prinzips, die abstrakte Umfassungserfahrung, das erzieherische Verhältnis und die Freundschaft, sind für die gelingende Entwicklung der Gesellschaft (jeder Generation neu) wie auch jedes einzelnen Menschen unerlässlich.

Was bringt nun der Mensch mit, der »*aus dem Wesensakt der reinen Beziehung tritt*«? »*... Die Wirklichkeit ist, dass wir empfangen, was wir zuvor nicht hatten, und es so empfangen, dass wir wissen: es ist uns gegeben worden*« (BUBER 2002). Dass jeder dialogische Akt als »Wesensakt der reinen Beziehung« dem Individuum etwas zuvor nicht vorhandenes gibt, zeigt die absolute Neuheit der Dialogfähigkeit auf. Und wir dürfen annehmen, dass mit dem, was durch den dialogischen Akt gegeben ist, für BUBER das nicht ableitbare Neue in der Evolution das Empfangene in der Schöpfung wäre – wenn er uns gestattet hätte, einen evolutionären Charakter von Welt und Leben zu postulieren.

5.3 Das Dialogische Prinzip als emergente Eigenschaft

MARTIN BUBER hat das Dialogische Prinzip ausgeleuchtet, ist seiner Bedeutung im Menschenleben nachgegangen, hat seinen geisteswissenschaftlichen und theologischen Ort und sogar seine begründende Bedeutung für das Wesen Mensch bestimmt. Welche Rolle das Dialogische bei der Menschwerdung als Evolutionsprozess gespielt hat, das sagt er uns nicht. Der Mensch als Ergebnis der Naturgeschichte – davon mag er nicht reden. Eigentlich benötigen wir nun eine Definition, mit deren Hilfe wir das Dialogische dennoch als emergente Eigenschaft des Menschen erkennen. Diese hier zu geben, wäre jedoch für einen Naturwissenschaftler vermessen. Andererseits ist uns, nachdem BUBER relativ gründlich referiert wurde, der Begriff deutlich genug – nur eben etwas unhandlich. Als Kompromiss stellen wir aus dem Vorstehenden einige Kernpunkte zusammen:

– Die Welt erfahren wir in der Ich-Es-Dimension, während in der Ich-Du-Dimension durch Hinwendung Beziehungen gestiftet werden. Zum Du-Sagen und so zum Dialogischen bringt uns ein Trieb der Verbundenheit
– Das Dialogische ist die Entfaltung der Sphäre des Zwischenmenschlichen, seine Möglichkeitsgrenzen sind die des Innewerdens
– Dialogisches Verhalten gründet in der Erfahrung der Gegenseite. Es wechselt zwischen Aktualität und Latenz, denn der Mensch kann nicht im Zustand der reinen Beziehung verharren
– Was mir widerfährt, ist Anrede an mich. Als das, was mir widerfährt, ist auch das Weltgeschehen Anrede an mich.

Wir wollen nun zeigen, dass das Dialogische für die humane Seinsschicht nicht nur kennzeichnend und wichtig ist, sondern dass es unableitbar neu daherkommt; dass es sich also um eine zentrale menschliche e m e r g e n t e Eigenschaft handelt, die eine entsprechende Berücksichtigung im evolutionären Weltbild verlangt.

Das Dialogische – unableitbar neu

Zwar gibt es bis ins Physikalische hinab Entsprechungen zum Dialogischen Prinzip, und es drückt einen der gesamten Natur gemeinsamen Charakter aus. So zeigt uns die Quantenphysik, dass sogar schon die elementarsten Naturkräfte (Gravitation, elektromagnetische Kraft, schwache und starke Kernkraft) von Austauschvorgängen begleitet sind. Aber von so einer architektonischen Analogie kann die konkrete Dialogfähigkeit des Menschen keinesfalls abgeleitet werden. Davon wird ihre Eigenständigkeit, wird ihr emergenter Charakter nicht tangiert.

Allerdings würde es die Kennzeichnung des Dialogischen als emergenter Eigenschaft unterstützen, wenn damit ähnliche Phänomene verbunden wären wie irgendwo sonst in der Evolution. Wohl wissen wir auch, dass solche Parallelen nicht notwendig vorhanden sein müssen, denn für die Evolution gibt es keine Vorgaben, und sie muss keinem bestimmten Schema folgen; aber oft tut sie es eben doch. Die vorher betrachteten emergenten Eigenschaften waren durch Symmetriebrechung mit der Folge einer Ordnung gekennzeichnet, und stets trat auch ein Prinzip auf, das der Dynamik entgegen wirkt und in der Physik als eine verallgemeinerte Steifigkeit erscheint. Hat auch das Dialogische Prinzip entsprechende Auswirkungen?

Dem hoch komplizierten Niveau des Lebendigen sind zwar zahlreiche Entwicklungsschritte mit S y m m e t r i e b r e c h u n g vorausgegangen (wobei schließlich die statische Ordnung durch eine dynamische Organisation abgelöst worden ist). Daher gibt es hier insgesamt nur noch wenige Rest-Symmetrien, die gebrochen werden könnten. Dennoch ist eine weitere Symmetriebrechung nachweisbar: Auf der Ebene von Verhalten und Kommunikation, wo das Dialogische angesiedelt ist, herrscht zunächst das symmetrische sozialdarwinistische Prinzip, das von ersichtlicher Vorteilsnahme bestimmte Verhalten. Es setzt voraus und sorgt zugleich dafür, dass alle Beteiligten ihren Vorteil suchen. Das Dialogische Prinzip setzt den Rang des einheitlichen Vorteils-Motivs zurück und bewirkt damit eine Symmetriebrechung. Eine Person muss zeitweise vom Eigennutz freigestellt sein, um sich einer anderen Person in der beschriebenen Weise zu widmen.

Dies ist keine prinzipielle Verletzung der allgemeinen Nützlichkeit; denn was zunächst wie ein erheblicher Nachteil aussieht und sogar als Weg in die Selbstvernichtung denunziert wurde, wird, wo es sich durchsetzt, zu einem Gemeinschaft stiftenden Prinzip, das die Handlungsfähigkeit der entsprechenden Gemeinschaft erweitert (dieses Thema wird von SCHILLER im »Wilhelm Tell« entfaltet). Die Kräfte, die durch gegenseitigen Argwohn und Konkurrenz blockiert waren, werden freigesetzt.

Eine Gesellschaft, die derart unter Mitwirkung des Dialogischen ihre Zukunft gemeinsam gestaltet, besitzt eine komplexere, ganzheitlichere O r d n u n g. Wohl verspricht, wegen der Unzugänglichkeit des Vorstellungsraumes, die Suche nach einem zahlenmäßig erfassbaren Ordnungsparameter keinen Erfolg.

Wir können außerdem einen k o n s e r v i e r e n d e n Faktor entdecken: Die beim sozial lebenden Tier durch Prägung realisierte Bindung muss ja beim Menschen durch eine Bindungsform abgelöst werden, die Offenheit bzw. Freiheit erlaubt. Diese wird im dialogischen Verhältnis konstituiert, es ist die T r e u e. Die Treue schützt vor vollständiger Bindungslosigkeit und sichert das hoch geordnete menschliche Sozialleben ab.

Emergente Eigenschaften schaffen neue Strukturen, verschleiern ältere und vergrößern den I n f o r m a t i o n s g e h a l t. Das gilt auch für das Dialogische Verhalten. Stellen wir uns als Beispiel nur einmal entsprechend einer guten Utopie vor, motiviert durch dialogische Erfahrungen gelänge es den Kräften der Wirtschaft und Politik, das Konkurrenzverhalten dem Gemeinwohl unterzuordnen, so dass es der Zukunftssicherung der Menschheit nicht im Wege stehen würde. Dies erlaubte für die vorhandene Information eine Vereinigung und ganzheitlichere Durchstrukturierung. Dabei würde sich zwar die Menge an Einzelinformationen nicht vergrößern, wohl aber die Zahl ihrer Verknüpfungen.

Das dialogische Verhalten besitzt also Merkmale, die wir in anderen Bereichen als typisch für emergente Eigenschaften kennen gelernt haben.

Schwierigkeiten mit dem biologischen Erbe

Wenn die Neuerwerbungen der Menschwerdung mit dem biologischen Erbe zusammentreffen, gibt es Schwierigkeiten, unter denen die Einzelnen wie die Gesamtheit leiden. Dazu gehören auch solche, die aus Unverträglichkeiten zwischen dem vorher etablierten Verhalten und dem Dialogischen kommen.

So führt die Neigung zum Transzendieren, die dem Dialogischen eigen ist, zu Versuchen, die »Erfahrung der Gegenseite« auf andersartige Lebewesen auszudehnen, wobei es zu anthropomorphen Deutungen kommen kann und die Versuchung zur Projektion groß ist. Einen evolutionären Fortschritt für die Lebewelt bringt die Erfahrung der Gegenseite, wenn Menschen erleben, dass auch Tiere leiden und Angst und Panik haben.

Eine Schwierigkeit aber tritt auch offen zu Tage: Wir konkurrieren nicht nur mit anderen Lebewesen um die begrenzten Ressourcen der gemeinsamen Welt, sondern unser Erdenleben ist direkt daran gebunden, dass andere Lebewesen zu unserer

Nahrung werden; denn wir können uns, jedenfalls bisher, nicht von Licht, Kohlendioxid, Wasser und einigen Mineralstoffen ernähren – wir sind heterotroph. Das Tötungsverbot muss also zwangsläufig an der Grenze unserer Art oder wenig darunter enden.

Erinnern wir uns an die Verhältnisse bei höheren Tieren mit Gruppen-Soziologie: Hier sind die Emotionen an die Gruppe gebunden, und gegenüber den anderen Lebewesen wurde ein kühles, »sachliches« Verhalten ererbt. Beim Menschen kann das Dialogische diese Grenzen überspringen, und daher ist es seit Urzeiten notwendig, mit Hilfe kultureller Rituale den emotionalen Umgang mit dem Töten zu regeln. Auf unseren Bauernhöfen ist es meist so, dass es im Verhalten gegenüber den Haustieren einen Bruch gibt zwischen Alltag und Schlachttag. Aber entsprechend der Flexibilität des Verhaltens beim Menschen besteht immer die Gefahr, dass die Jagd- und Schlacht-Rituale auf den Umgang zwischen Menschen übergreifen und zur Verrohung der Gesellschaften, zu Krieg, Terror und Mord führen.

Auch diese Probleme, die vielleicht keine einheitliche Regelung erlauben und uns als Aufgabe bleiben, zeigen deutlich, dass das Dialogische Prinzip ein neuartiges Verhaltensmuster ist, um dessen Integration noch gerungen wird. Das aber ist eine typische Situation in der Evolution.

Weitergabe des Dialogischen Prinzips und Auslösung des dialogischen Verhaltens

Bei den Lebewesen werden die emergenten Eigenschaften vererbt, und auch beim Menschen werden alle wesentlichen Eigenschaften durch die Keimbahn weitergegeben und in jedem Individuum neu ausgebildet. Also muss die Fähigkeit zum dialogischen Verhalten genetisch codiert sein und so die Engstelle des befruchteten Eies passieren. Das dialogische Verhalten muss sich also immer wieder neu realisieren. Damit hat prinzipiell jeder Mensch seine ganz eigenen dialogischen Fähigkeiten.

Beim Individuum ist das Dialogische zwar immer latent vorhanden, aber nur episodisch aktiv. Die Aktivierung des Dialogischen

Verhaltens fällt einem jeweils zu, das Ziel rückt unwillkürlich in den Blick, der einzelne dialogische Akt erfährt eine spontane Ausrichtung. Der Person bleibt aber ihre Möglichkeit der Zustimmung oder der Ablehnung, und sie ist auch in der weiteren Gestaltung frei, wie es der Offenheit des menschlichen Verhaltens entspricht.

Das Gedächtnis des gesunden Menschen hält ein dialogisches Verhältnis sehr fest. Regelmäßig folgt der ersten Zuwendung beim Wiedersehen ein Wiedererkennen. Es geschieht sogar, dass sich erst beim Nach-Denken im Inneren Repräsentationsraum eine Zuwendung anbahnt, und das vielleicht noch nach Jahrzehnten. Andererseits muss Schlimmes geschehen, ehe eine Korrektur der Wahl notwendig erscheint mit dem Resultat: »Ich kenne Dich nicht mehr.«

Hemmung des dialogischen Verhaltens

Wie andere Verhaltensweisen auch, steht das dialogische Verhalten oft unter Hemmung. Dürfen wir vermuten, dass hier die psychische Organisation eine zunehmende Appetenz bereitstellt? Ist das Dialogische so weit mit den Triebhandlungen verwandt, dass Auslöser und Erfolgs-Erlebnisse existieren? Aber diese Seite des dialogischen Verhaltens ist wohl bisher nicht untersucht worden. Wie jedes wichtige Verhalten muss auch das dialogische von kulturellen Ritualen begleitet sein, und da das dialogische Verhalten jeweils in Konkurrenz zu anders gerichteten Verhaltensweisen steht, gibt es fördernde und behindernde Rituale. Da diese Rituale aus der Kultur heraus erwachsen, ist eine wichtige Wirkung der Kultur auf das Dialogische zu erwarten. Die vollständige Unterdrückung wird nicht sehr häufig beobachtet. So gehört wohl auch zum dialogischen Verhalten, das durch einen starken Antrieb aus dem unzugänglichen Inneren begünstigt wird, eine spontan auftretende und anschwellende Aufmerksamkeit, eine Appetenz.

Für die Lebenspraxis sind diese Analogien zu den Triebhandlungen vielleicht nicht sehr hilfreich, doch der Zusammenhang mit den kulturellen Ritualen fordert Beachtung. Insbesondere gibt es eine Rückwirkung des Dialogischen auf die Kultur und eine gegenseitige Förderung.

Das Dialogische als Voraussetzung eines neuartigen, flexibleren Verhaltens in der Gruppe

Die Offenheit des Menschen, die sein Verhalten in der Gruppe kennzeichnet, wurde dadurch erkauft, dass viele Triebhandlungen und Rituale gelockert und relativiert wurden und zum Teil sogar erloschen sind. Die genetisch fixierten Rituale wurden teilweise durch flexible kulturelle Rituale ersetzt; aber diese Schwächung der Bindekräfte aus Instinkt und Prägung bringt ernste Probleme für die Bindungen in der Gruppe durch den nachlassenden Zusammenhalt in Paaren, Familien, Arbeitsgruppen und Freundschaften. Dieser Schwächung des Sociallebens steht ein neues Bindungsprinzip gegenüber: Der dumpfe biologische Zwang wurde abgelöst durch bewusste Bindungen, die vom Dialogischen Prinzip ermöglicht werden. Unter dem Gesichtspunkt der Evolution war die Funktionsfähigkeit der bewussten Bindung (und ihrer kulturellen Ritualisierung), das muss man wohl annehmen, eine zwingende Voraussetzung für die Lockerung der entsprechenden biologischen Bindung, die sonst der Auslese nicht Stand gehalten hätte. Erst eine hinreichende Treue, die vom dialogischen Verhalten motiviert wird, erlaubt ein freieres und doch abgesichertes Socialleben.

Bei den erblichen Verhaltensmustern (denken wir an unser manchmal unsinniges Hungergefühl!) ist festzustellen: »*Sämtlichen in der Erbmasse verankerten Verhaltensprogrammen gemeinsam ist ihre Resistenz gegenüber den verändernden Einflüssen, die von der menschlichen Kultur ausgehen*« (LORENZ 1979). Auch das Dialogische Prinzip ist in der Erbmasse verankert und besitzt daher diese schwer überwindbare Resistenz. Nie kann es endgültig durch kulturelle Widerstände blockiert werden.

Nun ist aber das Dialogische Prinzip als Ich-Du-Beziehung definiert. Sind wir inzwischen zu weit in den Plural abgerückt? Nein, denn was gerade für die Gruppe beschrieben wurde, gilt bei der Zweier-Beziehung sogar noch verschärft. Jede Freundschaft zwischen Zweien verlangt eine Einengung der Vorteilsnahme und kann etwas erzeugen (Hilfe, Gedankenaustausch, Gespräch, gemeinsames Handeln, Treue), das ansonsten so nicht möglich wäre.

Aber auch auf der Ebene der Populationen zeigt das Dialogische Prinzip Wirkung. Man kann sich die Menschenwelt gar nicht ohne die zahlreichen, oft auch auf Gruppen-Ebene organisierten Äußerungen der Nächstenliebe vorstellen, die in erster Linie durch eine dialogische Einstellung motiviert sind. Dass dieses auch nach seiner Größenordnung ganz erstaunliche Phänomen im öffentlichen Bewusstsein als unbeachtete Nebenströmung der Geschichte untergeht, liegt nur an einer ungünstigen Ausrichtung der Aufmerksamkeit.

Das Dialogische relativiert das darwinistische Menschenbild

Stehen solche Alternativen aus dem Dialogischen zur Verfügung, verlieren die darwinistischen Strukturen ihren gleichsam naturgesetzlichen Zwangs-Charakter. Sie verschwinden nicht, sie bleiben für die Lebensfürsorge notwendig, aber sie erscheinen nicht mehr als das non plus ultra. Übergeordnete Gesichtspunkte, wie das Gemeinwohl, werden vordringlich, deren Beachtung zusammen mit dem dialogischen Verhalten eingeübt wird, und das geht bis zu einem »liebevolleren« Verstehen auch bei Sachfragen. Die Entschärfung der alten Bedingungen besteht auch hier, wie bei anderen Übergängen, in ihrer Unterordnung.

> Hier ist anzumerken, dass das Dialogische zwar nützlich und sogar rettend sein kann, aber wohl erst lange nach seiner Entstehung. Um durch Auslese entstanden zu sein, müsste sich das Dialogische aber seiner Nützlichkeit verdanken.
>
> An dieser Stelle muss ein weiteres Missverständnis abgewehrt werden. Die Reduktionisten, die das Menschliche vollständig aus dem Biologischen ableiten wollen, schicken gegen alles, was nicht offensichtlich seiner Nützlichkeit wegen so ist wie es ist, gern den Begriff des Epiphänomens ins Rennen. Das meint ein Überbauen der entwicklungsrelevanten Grundphänomene durch daraus sprossende u n d d a r a u s a b l e i t b a r e Erscheinungen. Die von Schicht zu Schicht emergierenden, nicht ableitbaren Eigenschaften sind dagegen selbst entwicklungsrelevant, sind für die jeweils nächste Stufe notwendig. Die Evolution arbeitet häufig und durchaus erfolgreich mit Überbauungen dieses zweiten Typs. Da das Dialogische Prinzip eine solche

emergente Eigenschaft ist, die tatsächlich eine völlig neue Seinsstufe mit bestimmt und bisher unbekannte Seinsmöglichkeiten eröffnet hat, kann es kein bloßes Epiphänomen sein.

Wenn das Dialogische einen eigenen Bereich des menschlichen Verhaltens begründet, so kann nur noch der andere Bereich des menschlichen Verhaltens, der durch Zivilisation und Technik gekennzeichnet ist, darwinistisch gedeutet werden. Daher muss das evolutionäre Menschenbild zwingend um das Dialogische Prinzip ergänzt werden, das Offenheit ermöglicht und es erlaubt, Freiheit zu respektieren.

Wie kann es dann aber so leicht fallen, den Menschen als ein bloßes Produkt besonders erfolgreichen Lebenskampfes darzustellen? Das ist die Folge einer Subsummierung des Dialogischen unter Zivilisation und Technik. Diese unsinnige Verknüpfung führt immer wieder dazu, das Menschliche einzig unter dem Aspekt von Fortschritt und Herrschaftswissen zu sehen und darwinistisch zu interpretieren. Mit dem Nachweis, dass die Fähigkeit zum Dialog eine eigenständige emergente Eigenschaft ist, haben wir dieser Fehleinschätzung die Grundlage entzogen. Wer die Herkunft der Menschen erklären will, der kommt sicher um eine Erklärung ihres dialogischen Anteils nicht herum.

Insgesamt ergibt sich, dass das Dialogische nicht nur eine entscheidende emergente Eigenschaft der Menschen ist, sondern zugleich eine Voraussetzung für die Ausbildung ihres offeneren, gestaltungsfähigen Verhaltens. Sein Auftauchen spielt dadurch in der Evolution eine wichtige Rolle. Später wird sichtbar werden, wie notwendig es sogar für die prinzipielle Sicherung der menschlichen Existenz ist. Zunächst aber soll das Dialogische als Bestandteil des menschlichen Verhaltens dargestellt werden.

5.4 Die Rolle des Dialogischen im Inneren Repräsentationsraum

Wir haben nun das Dialogische als einen wesentlichen und neu-artigen Teil dessen kennen gelernt, was den Menschen zum Menschen gemacht hat. Wie aber gehört es in die Partitur jener großen Symphonie, als die sich das Verhalten eines Menschen darstellt?

Als Grundlage hat die biologische Entwicklung die Hände frei gemacht und ein großes Vorderhirn bereit gestellt, ein Jahr in enger Elternbindung und eine Kindheit für die geistige und soziale Reifung eingerichtet und durch diese und andere Errungenschaften Erfolge im Lebenskampf ermöglicht. Auf dieser biologischen Grundlage haben sich verschiedene Entwicklungsstränge herausgebildet und sich gegenseitig gestützt. Die Tradition wurde enorm aufgewertet und mündete in die Ausbildung von Kulturen. Für das Tradieren und Kommunizieren, Mitteilen und Bewahren wurden außer-körperliche Medien eingesetzt (wie z.B. ein solches Büchlein). Die Entwicklung der Kommunikation ist untrennbar mit der Entwicklung des Sprechens verbunden, und das konkrete Ergebnis sind Sprachen – zur unmittelbaren Kommunikation zwischen den Menschen, aber auch als Werkzeug für den Gebrauch der Medien. Die Sprachen haben die inneren Möglichkeiten des einzelnen Menschen wie auch der Gruppen bereichert und dem Denken neue Sektoren erschlossen. Die Fähigkeit zum dialogischen Verhalten aber hat biologischen Zwang und kulturelle Gestaltungsfähigkeit durch die menschliche Verbundenheit ergänzt.

Der Komplex Tradition/Kultur und das Dialogische benutzen beide den Inneren Vorstellungsraum. Die Innerlichkeit drückt sich beim Menschen vielfach gerade in solchen Aktionen aus, die wir als dialogisch bezeichnen. War der Ausdruck, der aus der Innerlichkeit erwächst, schon vorher oft auf Reaktionen von Partnern hin angelegt gewesen, so erwartet er im Dialog eine A n t W o r t und erfährt seine Gegenseite. Dafür greift das Dialogische auch auf die neuen Möglichkeiten des Denkens und der Kommunikation zu, was dadurch erleichtert wird, dass die kulturellen Phänomene und das Dialogische gemeinsam im Inneren Repräsentationsraum beheimatet sind. Aber natürlich ergeben sich dadurch immer wieder Nutzungskonflikte. Weil aber die Regelung dieser Zuweisung nicht nur eine spontane und autonome Leistung der Person ist, sondern auch von gesellschaftlichen Normen gesteuert wird, können daraus leicht Interessenkonflikte werden, sogar mit der Folge spektakulärer Kämpfe zwischen Personen oder Gruppen.

Vom Dialogischen Prinzip her kann man es auch so beschreiben: Es gibt zwei verschiedene Zustände des Menschen, die Dimensionen Ich-Es und Ich-Du, oder sagen wir: den Menschen als praktischen und als dialogischen, zwischen denen umgeschaltet wird. Vom dialogischen Standpunkt aus stellt sich der Mensch vor, dass das Dialogische die ganze Lebenspraxis überformt oder wenigstens den Ton angibt. Vom praktischen Standpunkt her erscheint dies höchst unwahrscheinlich und eigentlich nicht wünschenswert. Im Extremfall beargwöhnen, ja bekämpfen Protagonisten dieser Standpunkte einander, wie von SCHILLER in »Kabale und Liebe« mit kräftigen Strichen ausgemalt. Eine entwicklungsbedingte, unvermeidliche Konfrontation?

Die innere Einheit des Menschen zwingt aber im Gegenteil zur Koexistenz und Kooperation des Praktischen und des Dialogischen. Doch wie ist das zu denken? Die Antwort auf diese Frage suchen wir etwas abseits von BUBERs Beschreibung. Er hatte Ontologie betrieben und seine Objekte waren die dialogischen Phänomene, das, was sie im Leben sind und für uns bedeuten. Wir suchen das Biologische und Evolutionäre unter dieser Oberfläche, suchen die Kontaktzone zur nächstälteren Seinsschicht.

Zwei Möglichkeiten der geistigen Aktivität

Praktisches und Dialogisches müssen nebeneinander bestehen können und sogar kooperieren? Also muss sich beim Menschen, im Inneren Repräsentationsraum, nicht nur eine geistige Möglichkeit herausgebildet haben, sondern deren zwei, wie sie bereits BUBER unterschieden hatte. Durch die erste erfahren wir die Welt in der Ich-Es-Dimension, sie wird zur Grundlage der Auseinandersetzung des Menschen mit der Welt und schließlich zur Quelle der modernen Zivilisation. Die zweite, die Entwicklungslinie des Dialogischen, erschließt die Ich-Du-Dimension, in der durch Hinwendung Verbundenheit gestiftet wird. Wir erleben zu oft schmerzende Gegensätze zwischen diesen zwei Möglichkeiten und könnten hier eine neue Variante des alten ontologischen Dualismus vermuten. Aber erst ihr Zusammenwirken macht die geistige Aktivität des Menschen aus, es handelt sich zweifellos um zwei in der Evolution errungene Möglichkeiten des e i n e n Menschen, und der evolutionäre Sinn kann eigentlich nur sein, dass beide parallel wirksam werden. Dialektisch ist dies zu sehen, und immer, wenn sich das Verhalten derart auseinander legt, öffnen sich Möglichkeiten der Interaktion.

Der ganze Mensch, klug u n d dialogisch, ist die bisherige Frucht der Evolution.

Diese beiden Seiten des Verhaltens konnten sich nur gemeinsam, in Koevolution, zu der erreichten Höhe entwickeln. Man muss sie stets neu zusammenführen und ihre Vereinigung durch Reflexion und Meta-Analyse vorbereiten. Und gerade dazu ist das Gehirn des modernen Menschen hervorragend in der Lage, es antwortet auf das Auseinanderlaufen der Motivationen mit Missgefühlen und gibt seinen Besitzern so immer wieder Anstöße zum Suchen der Synthese.

Und die Synthese ist für das Überleben wichtig. Die großen Gefahren, welche die Menschheit ganz real und kurzfristig bedrohen, zwingen uns zu dieser Arbeit. Das Werden des Menschen ist ein Wunder, für das er wenig kann. Sein Bleiben aber geht nicht von selbst; doch da der Innere Vorstellungsraum in der Evolution derart ausgestaltet wurde, sind die Weichen so gestellt, dass der Mensch für lange Zeit überleben kann, wenn er konsequent dafür arbeitet – mit seinen beiden neuen Möglichkeiten. Er muss sich dafür entscheiden, wenn er mehr sein will, als ein grandioses Experiment im Laufe der Naturgeschichte.

Der Innere Repräsentationsraum gewährt Kreativität

Die außerordentliche Doppel-Entwicklung im Inneren Repräsentationsraum – der kulturellen Entfaltung und des Dialogischen Prinzips – eröffnet den Menschen Möglichkeiten, wie sie den Tieren nicht gegeben sind. Das kann weitgehend unabhängig vom Auslese-Druck geschehen, denn die Welten, die da gebaut werden, sind von der Auslese-kontrollierten Lebenspraxis hinreichend gut getrennt. Darin äußert sich eben der Vorzug des Inneren Repräsentationsraumes (und vieler seiner externen Ableger), Freiräume für Vorversuche zu schaffen, Freiräume, die sich zu riesigen imaginären Räumen ausweiten lassen. Hier werden, unabhängig von einer blinden Evolutionsmaschine, Freiheit und Kreativität tätig, deren schließlich realisierte Produkte sich nun überall auf dem Globus zeigen. Das gibt teils zur Freude, oft aber auch zu größter Sorge Anlass. Beim Übergang zur Praxis wäre eben doch eine wirksamere Kontrolle durch den hinreichend geschulten Geist notwendig (eine Technik-Folgen-Abschätzung im erweiterten Sinne), für die es bisher kaum Rituale und Institutionen gibt. Wie auch immer: Gemeinsam haben die beiden Prinzipien den Menschen frei und schöpferisch gemacht.

5.5 Dialogisches Prinzip und Kommunikation

Wir wissen nun, dass das Dialogische Prinzip im Inneren Repräsentationsraum angesiedelt ist. Aber wo hat es seinen Ort draußen im Leben? Die Antwort ist banal: eben zuvorderst beim Dialog, beim Zwiegespräch. Der Wirkungsort des Dialogischen Prinzips ist die Kommunikation, es ist eng an die Verständigung zwischen Personen gebunden und ermöglicht es, Wert und Würde, Differenziertheit und Seelentiefe der beteiligten Personen zu berücksichtigen.

Es kann nicht sein, dass eine so aufwändige Evolutionsleistung nur dialogisch geformte Freundschaftsbeziehungen bewirkt, die dann in einer harten und kalten gesellschaftlichen Wirklichkeit ohne weitere Wirkungen verkümmern müssen. Vielmehr ist zu erwarten, dass das Dialogische Prinzip in die Kulturen hinein wirkt und so die menschliche Gesellschaft humanisieren kann. Und das ist nicht weniger als eine Grundlage jener Hoffnung auf die Durchsäuerung des Teiges »Gesellschaft«, die Religion, Philosophie und Poesie hegen. Also ist zu fragen, wie das dialogische Vermögen über das Zwiegespräch hinaus wirkt, und das verlangt die Verknüpfung mit den Kommunikationsweisen.

Um nicht zu weit in die Kulturwissenschaften zu geraten, suchen wir einen naturgeschichtlichen Nebeneingang (und behalten dabei im Blick, dass »die Kultur die Natur des Menschen« ist). Da sich schon bei sozial lebenden Säugetieren sehr differenzierte Kommunikationsweisen entwickelt haben, ist es wahrscheinlich, dass die Kommunikation der Menschen darauf aufbaut und zunächst Ziele im Ich-Es-Bereich hatte und erst dann auch solche im Ich-Du-Bereich, die dem Dialogischen Prinzip genügen.

Vielleicht hat das Ausdrucksvermögen erst gemeinsames Handeln mit Wörtern und Gesten unterstützt: sachbezogen, kurz und genau, weil Missverständnisse eventuell tödlich wären. Es gab aber genug Gelegenheiten, die erweiterte Sprache zu nutzen, um Befindlichkeiten auszudrücken und auch nachzufragen. Das Einfühlungsvermögen führte schließlich zu Empfindungen, die Ausdruck suchen, Gehör finden und beantwortet werden können. Dieser Rahmen erlaubt es dann, die Konsequenzen aus der Erfahrung der Gegenseite umzusetzen, nach deren Ort in der Szenerie wir gesucht hatten.

Das Dialogische konnte wohl nur entstehen, indem es sogleich die Sprache und die anderen Möglichkeiten der Kommunikation nutzte, die von der Kultur bereitgestellt wurden. Zu den Instrumenten gehören Regeln und Rituale. Der rechte Umgang mit diesen Instrumenten muss aber erlernt werden. Oft behindern Fehlerquellen und Missverständnisse den Dialog, so dass er scheitert und die Menschen zum Verstummen bringt. Selige Zeiten der unreflektierten Kommunikation? Uns ist besser gedient mit einer guten Kommunikationslehre; denn Ausdruck ist immer Ausdruck mit den Mittel der jeweiligen Kultur.

Grundlage sind die Nachrichten. Ihre Zwecke und Herkünfte verraten ihre vier Hauptelemente (SCHULZ VON THUN 1998): Worüber ich informiere, ist der Sachinhalt; was ich von mir selbst kundgebe, ist die Selbstoffenbarung; was ich vom Gesprächspartner halte und wie wir zueinander stehen, wird Beziehungs-Anteil genannt; und wozu ich den Partner veranlassen möchte, ist mein Appell. Solche Nachrichten schickt der Empfänger aber durch ein Filter, das die Hauptelemente unterschiedlich gut durchlässt. Einige Empfänger achten immer nur auf den Beziehungs-Anteil, auch wenn der Sender nur über einen Sachverhalt informieren oder eine Handlung anfordern möchte. SCHULZ VON THUN hat dafür das Bild vom ausgeprägten Beziehungs-Ohr. Oder der Empfänger ist auf dem Selbstoffenbarungs-Ohr taub und hört auch dann nur eine sachliche Mitteilung, wenn der Sender in seiner Nachricht einen Hilferuf verpackt. Oder das überdimensionierte Appell-Ohr hört aus jeder Mitteilung unbedingt eine Aufforderung zum Handeln.

Umgekehrt kann man z.B. eine dringend benötigte Aktion so hinter Beziehungs- und Sachmitteilungen verstecken, dass der Appell nicht beim Hörer ankommt.

Für die Hauptelemente kann man präzisieren, dass Sachaussage und Appell die Kommunikationselemente der Ich-Es-Dimension sind, während Selbstoffenbarung und Beziehungs-Mitteilung vor allem dem Dialogischen zur Verfügung stehen.

Dies betrifft die Kommunikation durch ausdrückliche Nachrichten. Aber natürlich ist gerade für das Dialogische nicht nur die verbale Kommunikation wichtig. Es gibt ja neben und vor der Sprache die Kommunikation mit Hilfe von Blicken und Gebärden, und bei der Sprache deren Klang, so dass oft »der Ton die Musik macht«. Offenheit und Zuneigung, andererseits auch

Verschlossenheit und Ablehnung, ja Hass, werden durch Blicke ausgedrückt. Das helle Auge und der trübe Blick sind nach LU-KAS (1998) wichtige Ausdrucksmittel der Seele. Die Bedeutung des Gesichtssinnes für das Gelingen der dialogischen Kommunikation ist sicher nicht gering.

Unter diesen Umständen ist das Gelingen der Kommunikation keineswegs selbstverständlich – auch nicht innerhalb derselben kulturellen und sprachliche Umgebung. Das Maß dieses Erfolgs hängt von Erfahrung und Lernen ab. Die Tradition solchen Lernens begleitet denn auch die abendländische Kultur von ihren Anfängen her und ist heute wichtiger denn je.

Im Rahmen der Kommunikation wird dialogisches Verhalten eingeübt

Bei allen höher entwickelten Tieren führen oft erst Lernen und Üben, Tradition und Praxis zur jeweiligen Ausprägung des Verhaltens. Selbstverständlich ist es beim Menschen nicht anders und gilt auch für die Ausprägung des dialogischen Verhaltens, das erst durch Lernen seine Einpassung in das Zusammenspiel der Verhaltensweisen erlangt.

Dem dialogischen Verhalten dient unter anderem die Einübung der Kontemplation, weil die dialogische Umfassung eine betrachtende Komponente hat, die eine Unterbrechung der vollen Aktivität erfordert. Erst aus einer Betrachtung heraus, und sei es nur aus einem betrachtenden Moment, kann die Kommunikation einen dialogischen Impuls bekommen.

Um die Einübung dieser und anderer Voraussetzungen des dialogischen Lebens hat man sich in allen Hochkulturen bemüht. BUBER warnt aber davor, im Üben stecken zu bleiben, worin ihm FREIRE (1974) folgen würde. Das Dialogische braucht die Lebenspraxis ganz besonders. Und bieten nicht alle Übungen, und jede einzeln, die Gefahr, zum Selbstzweck zu entarten? Und dann wird vielleicht das Dialogische vergessen, das Ziel verloren, und es bleibt nur der Brauch?

Auch Moderne und Postmoderne bemühen sich um Einübungen für die Kommunikation und manchmal sogar für die Kontemplation. Aber meist fehlt dabei das Wissen um das Dialogische Prinzip als Klammer und gemeinsames Ziel. Man möchte den Wunsch erfüllen, ganz zu sein und Sehnsüchte, Aufgeregtheit und Verkrampfung zu beruhigen. Hilfreich sind diese Praktiken genau dann, wenn der Mensch, bewusst oder unbewusst, auf diese Weise zu dem gelangt, was in ihm bereits grundgelegt ist: zum Dialogischen.

Über die ideologische Blockade der Einsicht und ihre Lösung durch Metakommunikation

Da menschliches Verhalten auf die Gestaltung des Lebens in kleinen Gruppen ausgerichtet ist, sind wir auf das jetzt erforderliche globale Denken und Handeln eher schlecht vorbereitet. Zwar erlauben Erwerb und Speicherung von Informationen und die Fähigkeit zum Denken und zur Kommunikation prinzipiell sogar global eine gemeinsame Bearbeitung von Problemen; aber es gibt nur wenige Zustände in Gruppen und bei Individuen, die eine solche Arbeit in unvoreingenommener Weise möglich machen. Wir sind hier unversehens mit dem Phänomen der Stimmung konfrontiert, die in vielen Situationen, in denen über Politik entschieden wird, unsachgemäße Motivationen begünstigt, insbesondere den Konkurrenzkampf in der Gruppe. Ebenso kontraproduktiv sind die Ideologien, die man zu den kulturellen Ritualen zählen kann. Ideologien sind seltsame Schimären, die sich als Ergebnis des Denkens ausgeben, aber durch Konvention und Vor-Urteil stark eingefärbt sind. Innerhalb von Gruppen haben gewisse Ideologien Identifikations- und Abgrenzungsaufgaben und sind deshalb durch starke Tabus geschützt und praktisch nicht diskutierbar. Man versuche nur einmal, in CDU-Kreisen über Atomkraft oder in SPD-Kreisen über das gegliederte Schulsystem zu sprechen.

Im Rahmen der normalen Kommunikation sind solche Probleme nicht zu lösen, man muss sich stets erst über diese Kommunikation selber und über ihre Tabus und ideologische Belastungen verständigen – und das heißt M e t a k o m m u n i k a t i o n. Sie ist gewöhnlich nicht von einer großen Zahl Beteiligter zu leisten, sondern kann nur die Leistung einer sehr kleinen Gruppe hoch motivierter Personen sein und manchmal durch den Beitrag einer Einzelperson angestoßen werden. Zum Glück hält die Kommunikationsforschung auch Anleitungen zur Metakommunikation bereit. Ein Gelingen der Metakommunikation wird vom dialogischen Verhalten begünstigt, da es die dazu nötige Umfassung möglich macht.

5.6 Das dialogische Verhalten und der persönliche Lebensentwurf

Als Mensch hat man sich gewöhnlich ein Weltbild gemacht und verfügt über einen mehr oder weniger befriedigenden Lebensentwurf. Beide tragen zur Gestaltung des Verhaltens bei. Der Anteil des dialogischen Verhaltens am Lebensentwurf ist individuell sehr unterschiedlich. Es kann eine Person stark prägen, es kann aber auch fast ganz verschüttet sein. Wichtig ist der Anteil des Dialogischen nicht nur für die Bindungsfähigkeit, sondern auch für das Verlangen nach Lebenssinn und die Sehnsucht nach Freiheit.

Dialogisches Prinzip und die Lebensfunktion der Sinnsuche

Bei vielen Menschen stellt sich etwa zeitgleich mit dem Reifen der dialogischen Fähigkeiten die tiefe Sehnsucht nach einem Sinn des Lebens ein und die Bereitschaft, etwas zur Erfüllung dieses Wunsches zu unternehmen. Dann erfahren sie auch tatsächlich, dass solcher Sinn aufzuleuchten beginnt – und allerdings ebenso leicht wieder verloren gehen kann. Sie haben die Freiheit, ihre Suche nach Sinn anzugehen oder sich davon abzuwenden. Sie können sich auch einem Sinn-Angebot öffnen, und sie werden es entweder hinterfragen oder sich dessen Hinterfragbarkeit ausreden lassen. Da das Verlangen nach Sinn in dialogischen Situationen zur Ruhe kommen kann, dürfen wir insbesondere auf eine enge Beziehung zwischen Lebenssinn und Liebe schließen. Dies führt uns zu der Annahme, dass das Verlangen nach Sinn nicht

146

eigenständig ist, sondern arbeitsteilig mit den anderen humanen Eigenschaften zusammengehört.

Psychologen wie VICTOR A. FRANKL und seine Schülerin ELISABETH LUKAS sehen in vielen psychischen Problemen des modernen Menschen den Ausdruck einer tiefen Sinn-Krise. Der Mensch verlangt nach einem befriedigenden Lebensinhalt und findet ihn oft nicht, und das kann in die Verzweiflung führen. Die psychologischen Störungen, die durch die Enttäuschung des Sinn-Verlangens hervorgerufen werden, lassen sich durch Bearbeitung eben dieser Frustration therapieren. Solche Therapie-Erfolge bestätigen die Realität des Sinnproblems. Die Logotherapie (»logos« bedeutet auch »Sinn«) FRANKLs sucht aber die Lösung des Problems nicht in einer Selbstverwirklichung, da diese den Kern des Problems nicht trifft. Nach FRANKL (zitiert bei LUKAS 1998) kann sich der Mensch vielmehr nur in der Weise verwirklichen, dass er einen Sinn draußen in der Welt erfüllt – nicht in sich. Und gerade das entspricht seinem dialogischen Wesen.

Die Suche nach dem Ort der Freiheit und der Beitrag des Dialogischen

Ein anderes Problem des heutigen Menschen ist seine große Sehnsucht nach Freiheit. Im Folgenden soll erarbeitet werden, wie sich durch das Dialogische Prinzip ein Zugewinn an Freiheit ergibt, die bei Tieren ja nur ansatzweise vorhanden ist. Das beginnt mit der Freiheit, sich so oder anders auszudrücken und führt bis herauf zu der Freiheit, sich so oder anders zu entscheiden.

Erst beim Menschen lohnt es sich, nach dem Ort zu suchen, an dem die Freiheit angesiedelt sein müsste; und das kann nur der Innere Vorstellungsraum sein. Dort sollte im Zusammenspiel von Vorstellung und Wille das Tun frei entworfen werden. Dazu dürfen die bewussten Abläufe im Vorstellungsraum nicht immer schon vollständig bestimmt sein – auch nicht vom Unbewussten her. Je nach Bewertung der Phänomene wird dies von manchen angenommen und von anderen abgelehnt, und es gibt bestimmt große individuelle Unterschiede.

Unser Ausgangspunkt ist, dass menschliches Verhalten immer wieder Aktionen hervorbringt, denen ein Abwägen vorhergeht. Wie Entscheidungen gefällt werden, erfahren wir am besten durch Beobachtung von Menschen, die sich nicht entscheiden können, sondern zwischen den Möglichkeiten hin und her pendeln. Wir sehen dann oft, dass es ihnen schwer fällt, eine Rangordnung zwischen den Möglichkeiten herzustellen, weil die vorgestellten Situationen zu unterschiedlich sind und nicht zusammengeschaut werden können. Gerade diese Menschen zeigen aber damit eine stark entwickelte B e w e r t u n g s f r e i h e i t, und ihre Schwäche besteht darin, dass sie so sehr an dieser Freiheit festhalten. Es ist also die äußere Realität und Lebenstüchtigkeit, die dem Menschen immer wieder Entscheidungen abverlangt, und Entscheidungen erweisen sich damit als Einschränkungen der Freiheit beim Übergang vom Vorstellungsraum in die Welt hinaus.

Einen weiteren Spielraum der Freiheit eröffnet das dialogische Geschehen, wenn es nach Ausdruck verlangt und diesen unter Einsatz der G e s t a l t u n g s f r e i h e i t hervorbringt. Freiheit des Ausdrucks wegen – das kann einleuchten.

Nun wollen wir uns noch enger an das Dialogische Prinzip halten. Wie kommt ein Ich zu einem Du? Dazu gehört nicht nur die Situation des Begegnens, sondern auch ein Moment der Wahl oder wenigstens der Zustimmung, eine F r e i h e i t b e i m E i n t r i t t in den Dialog. Das wird beim Menschen zu einem beherrschenden Thema. Auch hier kann die jeweilige Umgebung eine bestimmte Wahl geradezu verbieten (wie in der Tragöde von Romeo und Julia), doch eine solche Wahl versucht sich auch gegen erhebliche Widerstände durchzusetzen.

Bei den Religionen führt das Dialogische Prinzip zunächst hinaus aus der Welt, erlaubt Transzendenz. Aber JESUS VON NAZARETH (und nicht nur er) gibt ihm noch eine ganz andere Richtung. Kein Zweifel: sein »Nächster« entspricht dem »Du« des Dialogischen Prinzips. Auf die Frage, wer nun eigentlich der jeweilige Nächste sei, antwortet er mit dem bekannten Gleichnis vom barmherzigen Samariter. Dieses weist darauf hin, dass kein Fremder, ja nicht einmal ein Angehöriger einer feindlichen Gruppe davon ausgeschlossen ist, »der Nächste« zu werden. So weit kann die freie Wahl beim Eintritt in einen Dialog gehen.

Wir erfahren aber noch mehr: Der Nächste im Gleichnis bekommt diesen Rang durch die vom Samariter ausgehende Umfassung – und diese wird hier realisiert durch eine mutige und selbstlose Tat. Dialog kreist nämlich keineswegs beständig im Verbalen. Von der Erfahrung der Gegenseite provoziert, hat der Mensch auch die F r e i h e i t   z u m   H a n d e l n. Aus dem dialogischen Verhalten wächst ohne Weiteres die Freiheit zur Solidarität in der menschlichen Gesellschaft und sogar mit anderen Lebewesen. Auch ein anderer Pfeiler jeder fortschrittlichen Gesellschaft, die Subsidiarität, leitet sich vom Dialogischen Prinzip her: Die Erfahrung der Gegenseite macht es unmöglich, Mitmenschen unnötig von ihrer lebendigen Ausdrucks-Freiheit abzuschneiden, sie begünstigt die F r e i h e i t   f ü r   A n d e r e. Die Einschränkung auf unnötige Behinderung ist allerdings auch wichtig, denn die Lebenspraxis setzt Grenzen und verlangt unerbittlich Motivation und Fertigkeiten.

Natürlich ist freie Zustimmung nicht die einzige Voraussetzung für dialogisches Verhalten. Von einer günstigen Veranlagung getragen, von der Prägung des Charakters begünstigt, gefördert von geeigneten Situationen und, vor allem, erlaubt von geeigneten Partnern, ist dialogisches Verhalten sogar sehr stark von »Randbedingungen«, ja vom Gesamt des Schicksals abhängig. Die Freiheit, Du sagen zu wollen, kommt aus dem Inneren, aber tatsächlich Du zu sagen, setzt auch entsprechende Partner voraus. Zur Freiheit des Dialogs gehört auch die andere Möglichkeit, in sich selbst zu verharren. Diese Verweigerung kann auch aus Enttäuschung oder Unvermögen folgen.

Unsere Freiheit enthält auch die Möglichkeit zu Missbrauch und Umbiegung des Dialogs. Da ist dieser unangenehme Hang, eigene Wünsche auf den Partner zu projizieren und aus ihm ein scheinbar oder tatsächlich williges Objekt zu machen. Nicht selten sind Ehepartner und Kinder die Opfer dieses undialogischen Verhaltens. Einfachere Übertragungsmöglichkeiten bieten Haustiere, und mancher wird dabei zum Tierquäler.

Absolute Freiheit würde uns wohl umbringen, und wir haben sie auch nicht; jedoch gibt es die für uns notwendigen und uns zuträglichen Freiheiten. Aber es gibt auch die Versuchung und häufig sogar die Macht dazu, anderen Menschen die Freiheit zu rauben.

Freiheit begründet aber V e r a n t w o r t u n g. Vielleicht sind deshalb so viele Menschen sozusagen Freiheitsmuffel? Viele Menschen erkennen ihre Freiheit und damit Verantwortlichkeit nicht an und flüchten in die Ausrede, es gäbe keine Freiheit und damit auch keine Schuld und keine Verantwortung. »Man kann eben nichts dafür«. Andererseits dürfen wir das Verlangen nach Freiheit auch nicht überstrapazieren, denn die Freiheit als solche gibt dem Leben noch keinen Sinn. Vielmehr sagte uns BUBER, dass der Gegenpol zum Zwang die (dialogisch gegründete) Bindung ist und nicht die Freiheit.

5.7 Dialogisches Prinzip und Religionen

Das dialogische Vermögen eröffnet Wege zur Transzendenz und damit auch zur Rückbindung an einen Urgrund, also zur Religion. Das Religiöse gehört zu den menschlichen Grund-Befindlichkeiten. Es ist also ganz natürlich, nun zu fragen, welchen Ort es in einem evolutionären Weltbild haben kann.

Seit es Menschen gibt, gibt es Religionen und haben sich sowohl das Nachdenken über den Urgrund, als auch die Umsetzung in eine Praxis (den Kult) in Traditionen konkretisiert. Sie haben einen erheblichen Anteil der Kulturgüter hervorgebracht. Alle Religionen, auch wenn sie sich auf göttliche Offenbarungen berufen, haben ihre innerweltliche Evolution des Verstehens und des Kultes, insbesondere aber der Rituale. Menschliches Denken und Entscheiden spielen dabei eine große Rolle, sei es nun autonom oder inspiriert.

Da die echten Religionen auf dem Dialogischen Prinzip aufbauen, wird vor allem das ihrem Sinn entsprechen und ihrer Entwicklung zuträglich sein, was das dialogische Verhältnis zu Gott und zwischen den Menschen stützt. Und damit werden sie zugleich tüchtig für einen wichtigen Dienst an der Menschheit, nämlich der Inkulturation des Dialogischen, die von allen Religionen mindestens ursprünglich mit gemeint zu sein scheint. Außerdem stiften Religionen Gemeinschaft, gehören zu den wichtigsten Identifikations- und Differenzierungsmerkmalen und liefern kultursichernde Rituale.

Religionen haben durch ihre Rituale und durch ihren Beitrag zum Weltbild und zur Lebensauffassung Anteil an der Gesamtkultur der jeweiligen Gesellschaft. Die gegenseitige Akzeptanz von Religion und Gesellschaft hängt an der Verträglichkeit der religiösen und gesellschaftlichen Normen; und da sich Gesellschaft und Religion, ihrer jeweils eigenen Dynamik verpflichtet, nicht unbedingt gleichsinnig weiterentwickeln, kommt es immer wieder zu kritischen Situationen. Und nun ist die Frage, ob sich die Religion der Kultur anzupassen hat, ob sie eigenständig ist oder ob sie gar Forderungen an die Kultur geltend machen kann. Darauf gibt es keine einfache Antwort, aber immerhin einen allgemeinen Maßstab: Durch ihre Fundierung im Dialogischen hat die Religion gegenüber der Kultur ein eigenes Recht und einen entsprechenden Anspruch; aber durch ihre spezielle Inkulturation hat sie eine abhängige Komponente und muss in so weit den Konsens suchen. Freilich darf sie nicht den Weg in eine der Sackgassen der Evolution mitgehen und muss kulturellen Niedergang nicht teilen.

Ich möchte bei dieser Gelegenheit ausdrücklich den Beitrag der jüdischen und christlichen Religion bei der Entdeckung des Dialogischen Prinzips würdigen. Ja, nicht allein den der jüdischen – war doch insbesondere BUBERs Schaffen immer auch eine Auseinandersetzung mit JESUS VON NAZARETH und dem Christentum.

Nach diesen Bemerkungen zur Einfügung der Religion(en) in das evolutionäre Weltbild muss auch die umgekehrte Blickrichtung erlaubt sein. Wie also kann man die Tatsachen der Evolution von der Religion her interpretieren?

Der Schöpfungsglaube ist prinzipiell mit dem evolutionären Weltbild kompatibel; wohl gibt es Widersprüche zu bestimmten Glaubensinhalten. Die Religion wird besonders von der Einsicht herausgefordert, dass die Entwicklung der Welt nach einem unbekannten, informationsarmen Anfang weitgehend spontan abgelaufen und auch der damit verbundene Zuwachs an Information spontan erfolgt ist. Allerdings wirkt gerade hierbei die Umgebung mit, und damit sind steuernde Einflüsse möglich, wenn auch im Rahmen der Naturgesetze und wohl kaum von einem räumlichen Rand des Alls her. Suchen wir nach kritischen Details, so ist mindestens herauszustellen, dass für die Entstehung des Inneren Vorstellungsraumes bisher keine natürliche Erklärung gefunden werden konnte. Da dieser aber für die Menschwerdung von größter Bedeutung ist, hätte ein rein immanent evolutionäres Weltbild hier ein ganz ärgerliches Loch.

Ob das Dialogische Prinzip spontan und vielleicht als Differenzierung im Inneren Vorstellungsraum auftauchen konnte, oder ob es uns gegeben wurde, können wir mit unseren Mitteln nicht feststellen. Naheliegend, aber nicht zwingend ist die Ansicht, dass die Entwicklung eine (nicht unbedingt außernatürliche) Finalität enthält, die den Ablauf auf das Ziel des dialogischen Vermögens hin ausgerichtet hatte.

5.8 Die mangelnde Durchsetzung des Dialogischen Prinzips

Die Fähigkeit zur kulturellen Entfaltung und der Trieb zum dialogischen Verhalten sind zentrale Errungenschaften in der Entwicklung der Menschheit. Ihre parallele Entwicklung, ihre gegenseitige Ergänzung und ihr gemeinsames, synergetisches Wirken sind als unverzichtbar anzusehen. Leider spricht aber unsere Erfahrung nicht dafür, dass die Evolution dieses Ziel erreicht hat. Ist es ein unerfüllbarer Traum? Warum setzt sich das Dialogische Prinzip im Leben so schlecht durch? Denn bei aller Sympathie für das Dialogische und auch für dialogische Menschen sehen wir – und die vielen Enttäuschten vor uns – eben nicht das Erwartete: Dass sich die Menschheit auf die neuen Möglichkeiten gestützt hätte und s o ihren Weg gegangen wäre. Man hat den Eindruck, es fehle dem Dialogischen an Durchsetzungsvermögen.

Als großes Problem erscheint dabei die wachsende Dominanz der anderen Prozesse der Zivilisation. Immer treiben die auf Traditionsbildung, Neu-Erfindung und Konkurrenz aufsetzenden Fähigkeiten neue Blüten, bringen mindestens vorläufig Erfolge im Lebenskampf und bestimmen ganz weitgehend die Entwicklung vieler Kulturen – wenn auch oft auf Kosten der Hoffnung der Vielen, berücksichtigt und beteiligt zu sein. Dieses Problem ist aber bereits die Folge einer Fehlentwicklung: dass nämlich die beiden Grundprinzipien in Gegensatz zueinander gebracht worden sind, wo sie sich doch ergänzen müssten. Wir werden uns also die beteiligten Strukturen genauer ansehen, um wenigstens Hinweise auf die Ursachen dieser mangelnden Durchsetzung zu bekommen.

In der Evolution schafft sich das Neue Platz im und aus dem Bestehenden. Unser Leben ist ein geselliges Leben in Kulturen und deren Institutionen. Die sozialen Fähigkeiten, die sich schon vor den dialogischen entwickelt hatten, prägen das Umfeld, in dem Dialog stattfinden kann. Und nun haben sich gerade in jüngster Vergangenheit die anderen kulturellen Möglichkeiten und Gegebenheiten so außerordentlich effektiv und geradezu explodierend weiter ausgebildet, dass die Begleitung durch das dialogische Verhalten immer mehr Menschen als unnötig erscheint. Das behindert die für das Zusammenführen der beiden Pfade notwendige und durch die Gehirnentwicklung bestens vorbereitete Reflexion über die Gesamtheit unseres Handelns!

Behindert das »alte« Gehirn das »junge« dialogische Verhalten?

Zunächst sind viele aktive Strukturen und Verknüpfungen im Gehirn eine Neuerwerbung des Menschen. Mit diesen Strukturen müssen bei Tieren einige wichtige Funktionen fehlen, die das menschliche Gehirn hat. Diese Funktionen sind also relativ jung, und ihr Erfolg oder Misserfolg konnte noch wenig auf das Gehirn zurück wirken.

Dann gibt die Neuropsychologie auch Hinweise auf eine gewisse Schwierigkeit, die in der Funktion unseres Gehirns begründet ist. Alles Neue setzt eben auf dem bereits Vorhandenen auf. Und beim Menschen hat sich während der luxuriösen Ausgestaltung seines Gehirns für das Gedächtnis, als die Deutung, Ablagerung und Erinnerung von Erlebtem und Vorgestelltem, eine Arbeitsteilung ergeben, die nicht ohne weiteres zusammenführt, was wir gern zusammenwirken sähen. MARKOWITSCH (1992, 2004) unterscheidet zwischen (1) dem episodisch-autobiographischen Gedächtnis; (2) dem Wissenssystem, in das neue Informationen eingebaut werden können; (3) dem prozeduralen Gedächtnis, das uns wichtige Handlungs-Ketten erlaubt (wie z.B. zum Radfahren) und (4) der Priming-Form des Gedächtnisses, was einer Verbesserung des Zugangs zu einem Reiz durch dessen Wiederholung entspricht. Diese sind ziemlich selbständig hinsichtlich ihrer Prozesse, Vernetzungen und Speicher-Areale. Das zeigt sich besonders auch durch unterschiedliche, charakteristische Ausfälle von gemessenen Aktivitäten und beobachteten Leistungen nach Gehirnschädigung. Wir können folgern, dass unser Wissenssystem, als Grundlage wichtiger kultureller Leistungen, primär nur eine geringe Vernetzung mit dem episodisch-autobiographischen Gedächtnis besitzt, das für die dialogischen Fähigkeiten grundlegend ist.

Schließlich müssen unsere Gehirnfunktionen reifen und brauchen dafür eine angemessene Übung und Gewöhnung. Wir wissen ja alle, wie stark wir auf Erfahrung und Übung, also auf das Lernen angewiesen sind, und welche zunehmende Bedeutung dieses Lernen in der Entwicklung bekommen hat. Das gilt sicher auch für die Einpflanzung des Dialogischen in die Gesamtpersönlichkeit. Und so sind die dialogischen Fähigkeit bei ihrer Reifung gefährlich stark von der kulturellen Umgebung abhängig.

Wo Menschen sind, gibt es das Dialogische.
Gibt es ein Problem der geringen Reichweite?

Gewiss wird das Dialogische von allen Menschen erfahren, wenigstens dann und wann. Der Hunger danach, als ein Du angenommen zu werden, ist sogar bei den meisten Menschen sehr groß, und es handelt sich um ein radikales Bedürfnis, dessen Frustration viele kaum ertragen können. Aber das Dialogische scheint zunächst ein Vermögen für den Hausgebrauch zu sein, das in Freundschaft und Familie zu Hause ist und auch da, wir kennen das ja, nicht gegen alle geübt wird. Für die Mitwirkung bei der Lösung gesellschaftlicher Probleme müsste es dagegen Breitenwirkung zeigen.

So lange das Dialogische Prinzip zeitlich und räumlich nur begrenzt realisiert wird, muss es wohl eher als erreichbares Ziel denn als Selbstverständlichkeit beschrieben werden. Es muss jeweils erst noch im rituellen Rahmen des gesellschaftlichen Lebens seinen Platz erhalten. Noch unterliegt dagegen das Akzeptieren eines fremden Menschen als dialogwürdig Bräuchen und Gefühlen und sogar Moden. BUBER thematisiert, wie schroff die Ablehnung des Dialogischen in den modernen Institutionen sein kann. Wir erfahren aber auch, dass es sich nicht um einen unversöhnlichen Gegensatz handeln muss, und zwar sogar in der betont sachlichen und gefühlskalten Institution des wirtschaftlichen Betriebes. BUBER formuliert: »*Rationalisiert immerzu, aber humanisiert in euch die rationalisierende Ratio, dass sie in ihre Zwecksetzungen, in ihre Berechnungen den lebenden Menschen einbeziehe, den es danach verlangt, in der Gegenseitigkeit der Welt zu stehen! ... nach einer Werkordnung, in der der Betrieb jeweils so sehr von vitaler Dialogik durchdrungen ist, als es die von ihm zu erfüllenden Aufgaben gewähren*« (BUBER 2002).

Aus dieser und vielen anderen Quellen tönen uns Ermahnungen entgegen, und wir hören sie von alters her und bis heute. Denken wir nur an die Anmahnung allgemeiner Menschenpflichten durch eine Reihe von Staatsmännern, die darin ein notwendiges Fundament für die Menschenrechte sehen. Hierzu gehört auch die von KÜNG begonnene Weltethos-Bewegung.

Appelle da, wo es um die Durchsetzung eines kosmischen Entwicklungsschrittes geht? Das ist zwar neu in der Evolution, aber es folgt aus der Aufwertung des sozialen Lernens.

Schon bei den höheren Tieren, die sämtlich über weniger Gestaltungsfreiheit verfügen als wir, stellt z.B. LORENZ ein aus verschiedenartigen Elementen zusammengesetztes Verhalten fest. Ebenso schreibt PORTMANN: »*jedes Verhalten fügt sich aus vielen Komponenten zusammen, deren besondere Struktur sehr verschieden ist und von denen einzelne automatenhaft starr, andere dagegen ungemein anpassungsfähig erscheinen*« (PORTMANN 1964). Die Analyse ist beim menschlichen Verhalten noch schwieriger. Es ist für Beiträge aus einem mehr technischen Denken und eben auch für Gestaltungen aus dem Dialogischen heraus so ungemein offen und labil. Wer hat noch nicht erlebt, wie das »ganz normale Verhalten« aus offener Kommunikation umschlägt in einen stereotypen Ablauf des Imponierens oder der Aggression? Für das Zusammenwirken beider Prinzipien ist daher ein Medium für die Abstimmung erforderlich. Im biologischen Bereich ist dafür meist der Schiedsrichter »Erfolg« zuständig, und im Falle des dialogischen und technischen Denkens kann die Verständigung durch Anwendung der Meta-Analyse gelingen.

Das Dialogische braucht Anwälte

Die Menschenwelt, konkretisiert in ihren jeweiligen Kulturen, gibt dem Dialogischen nicht von selber Raum. Das Dialogische braucht Anwälte, die ihm innerhalb der Kulturen diesen Raum öffnen, d.h., die uns zeigen, wie man dialogisch leben kann.

Entsprechend dem Wesen der Menschen, deren gemeinsames Verhalten sich auf Lernen stützt, handelt es sich dann auch um ein Erziehungsproblem. Und wer konnte dazu besser anleiten, als BUBER – der Pädagoge und zeitweise Leiter der Erwachsenenbildung im Staat Israel. Nach seiner Erfahrung entspricht das Was des Zieles dem Wie des Vorgehens. Er unterscheidet zwei Grundweisen, auf Gesinnung und Lebensgestaltung der Menschen einzuwirken: Die A u f e r l e g u n g der eigenen Meinung und Haltung, die der Andere schließlich für seine eigene hält, und die E r s c h l i e ß u n g, die das als richtig Empfundene in der Seele des Anderen suchen und fördern will – kaum durch Belehrung, viel mehr durch Begegnung. »*Auferlegung und Erschließung sind Vorgänge zwischen Menschen ... die auf die Ontologie des Zwischenmenschlichen ... hinweisen*« (BUBER 2002). Zum Bestand des Zwischenmenschlichen ist erforderlich, dass sich nicht der Schein verderblich in die Beziehung einmischt, dass Einer wirklich den Anderen meint und keiner sich dem Anderen auferlegen will. Die erschließende Einwirkung ist zwar keine notwendige Voraussetzung, kann aber den Weg zu einer höheren Stufe des Zwischenmenschlichen sehr erleichtern.

Eine solche rein erschließende Hinführung ist möglich, weil das Dialogische zur Konstitution aller Menschen gehört. Es ist auch Gegenstand der menschlichen Kultur, von der es formalisiert und überliefert wird. Heute ist es wichtig, dass auch im politischen und wirtschaftlichen Feld das Dialogische ausdrücklich berücksichtigt wird. Es wäre aber falsch und dem Überleben der Menschheit nicht zuträglich, wenn Personen und Kulturen sich aufgefordert sähen, zwischen den beiden Entwicklungstendenzen zu wählen und für die eine oder andere Partei zu ergreifen.

Ob Saint Exupéry wohl recht hat, wenn er seinen Kleinen Prinz sagen lässt: »*Man sieht nur mit dem Herzen gut*« – »nur«? Die Wahl aus der Liebe heraus kann blind machen und ungerecht. Und man wünscht ihr das Korrektiv der Klugheit zur Seite, und bei allem notwendigen Mut und aller Wurzelkraft doch auch das rechte Maß und das Bewusstsein, nach Gerechtigkeit streben zu müssen.

Auf die Meta-Analyse, die das gemeinsame Wirken beider Prinzipien begleiten muss, kann nicht verzichtet werden. Das Bemühen, beiden Tendenzen zu folgen und dabei die Möglichkeiten des Dialogischen Prinzips auszuschöpfen, ist nicht neu, darüber hat man spätestens seit PLATON und bis in die Neuzeit hinein nachgedacht. Ein Ergebnis bei der Suche nach einem Verhalten, das für diese Verbindung der Tendenzen sorgt, hat bereits PLATON in Form der Kardinaltugenden Klugheit, Gerechtigkeit, Tapferkeit und Mäßigung festgehalten. Diese können noch heute ein Gerüst für die Meta-Analyse sein. Für die Verträglichkeit der Tendenzen ist die Tugend der Klugheit besonders wichtig – ohne Klugheit hat es sogar die Liebe schwer, lebensverträglich zu gelingen. Klug ist allerdings nicht gleichbedeutend mit clever, sondern Klugheit ist ausdrücklich der Wahrheit verpflichtet und innerhalb des Gesamts der Tugenden wirksam. Über Einzelheiten kann man bei PIEPER (1949) Auskunft bekommen.

Der Mangel an Penetranz des Dialogischen ist also aus mehreren Gründen nur mühsam zu überwinden. Ein Fortschritt in dieser Beziehung ist an ein entsprechendes Bewusstsein und vor allem an die rechte Gestaltung des sozialen Lernens gebunden. Das ist eine Aufgabe der gesamten Menschheit, und ihre Lösung ist uns nicht garantiert.

5.9 Kommt der Nutzen durch die Hintertür? Die ökologische und ökonomische Bedrohung der Menschen und das dialogische Verhalten

Bei den Bemühungen, das Dialogische Prinzip in das evolutionäre Welt- und Menschenbild einzuordnen, haben wir einerseits festgestellt, dass sein direkter Nutzen im Konkurrenzkampf eher gering ist und daher nicht als Motor für seine Entstehung in Frage kam. Eine dialogische Ausrichtung kann die unmittelbaren Erfolgs-Chancen einer Person sogar merklich mindern. Aber wir sind eben nicht mehr auf der biologischen Ebene, seit es menschliche Gehirne gibt, die in der Lage sind, wesentlich umfassender zu denken, als es dem Spiel der Konkurrenz entspricht. Und so hat sich andererseits ergeben, dass das Dialogische Prinzip eine große mittelbare Bedeutung für das Leben von Individuum und Gruppe hat. Es ist eine Bereicherung, es verhilft zu einem sinnvollen Leben – und es könnte die Menschheit davor bewahren, in einer

Sackgasse der Evolution zu enden. Auch diesen Aspekt möchte ich herausarbeiten.

Sicher ist die Existenz der Menschheit bedroht. Andererseits sagt man uns, dass im Menschen »das Leben« die Weltlage im Überblick erfassen kann, und das gibt Hoffnung. Nur genügt das prinzipielle Vermögen nicht, sondern die Menschen müssen für die notwendigen Aktionen motiviert werden, und diese Motivationen müssen stark genug sein, um entgegenstehende Antriebe zu blockieren. Dies kann wahrscheinlich nur dem dialogischen Verhalten gelingen. Genau genommen steht die Menschheit vor Aufgaben, zu deren Lösung sich Informationen und Strategien aus dem traditionell/kulturellen Komplex, Motivationen aus dem Dialogischen und Techniken der Kommunikation vereinigen müssen. Wahrscheinlich ist das Zusammenwirken aller menschlichen Fähigkeiten für die Rettung der Spezies Mensch unerlässlich.

Ein Blick auf die Problemlage

Die Problemlage ist außerordentlich kompliziert, wenn es so wie jetzt (und wie allerdings schon mehrmals in der Geschichte der Menschheit) an mehreren Ecken zugleich brennt. Hier werden nur einige dieser Tatsachen in Erinnerung gerufen, wobei die anderen nicht weniger gefährlich sind. Die Lösung von Problemen solcher Größenordnung ist geringer entwickelten Arten nur selten gelungen; wir aber haben den Vorteil der prinzipiell vorhandenen Denkinstrumente.

Die Menschheit beutet ihre Umwelt ohne Rücksicht auf die Nachhaltigkeit der Versorgung aus. Da es den Profit der Wirtschaftskräfte minimieren würde, respektiert das herrschende Wirtschaftssystem die Wachstumsgrenzen nicht, was zu Umweltkatastrophen führt. Dabei agiert die Politik nachrangig. Das hier meist angeführte stabilisierende Wesen der Warenmärkte greift gewöhnlich zu spät, da diese erst reagieren, wenn bei den Ressourcen bereits die (durchaus vorher sichtbare) gefährliche Verknappung eingetreten ist. Bei den Finanzmärkten, die inzwischen die Gesamtwirtschaft beherrschen, ist ihre grundsätzliche Ineffizienz als Stabilisierungs-Instrument nachgewiesen (RUF-

FIEUX 2004), was die Politik bisher kaum daran hindert, auf dieses Instrument zu setzen.

Dass die Geschichte der Menschen nur in einer halbwegs intakten Umwelt, also unter Schonung der Ressourcen und der Lebewesen weitergehen kann, ist oft genug erläutert worden. Uns ist, auch im eigenen Interesse, eine gewisse Solidarität mit den Mitbewohnern der Erde abverlangt. Wenn man es in der Sprache der Religionen sagt, handelt es sich um die Bewahrung der Schöpfung vor uns selber. Dabei muss man das Augenmerk sowohl auf den Naturhaushalt, als auch auf die Mitbewohner richten. Diesen Blickrichtungen entsprechen die beiden Sparten Ökologie und Naturschutz, die keineswegs immer einvernehmlich arbeiten. Vielmehr ist, bei jedem Projekt neu, ein abwägender Entscheidungs-Prozess notwendig. Im Moment ist es leider so, dass sich beide Richtungen gegenseitig blockieren.

Ganz auffällig ist das beim Schutz des Ackerbodens, nach Licht und Wasser unsere Ressource Nummer 3, der von Naturschützern oft mit Fleiß geopfert wird, wenn dafür irgendwo ein »Biotop« zu gewinnen ist. Andererseits tappen wir nach ROBERT SPAEMANN bei Entscheidungen über Natur-Schutzmaßnahmen in eine gefährliche Falle, wenn wir die Natur nur auf unsere Bedürfnisse hin interpretieren, dabei wieder und wieder die gleiche Güterabwägung vollziehen und so den Anteil der Natur von Mal zu Mal weiter verkürzen.

Gelingt ein entwicklungspolitischer Ansatz, so stellt er sich leicht der ebenfalls unverzichtbaren Nachhaltigkeit entgegen. Dann ist eine angemessene Begrenzung des Wachstums erforderlich, insbesondere des Bevölkerungswachstums.

Eine besondere Gefahr geht von der innerartlichen Aggression aus. Mit den technischen Möglichkeiten wachsen ja das Potential der gegenseitigen Bedrohung der Menschen und die Gefahr der Selbstvernichtung der Menschheit – des Unterganges in Krieg und Terror.

Den Versuchen, zu politischen Lösungen der Probleme zu gelangen, stellen sich festgefahrene, auf Ideologien gegründete Gesellschaftsmodelle in den Weg, die zugleich unmittelbare Interessen bestimmter Nutznießer repräsentieren. Vielleicht wird ihre Reform erst im Fall einer schon eintretenden Katastrophe möglich – wenn es dann nicht zu spät ist. Die Versuchung zu Gewaltlösungen ist groß; doch diese würden gerade auch das vernichten, was es zu erhalten gilt. Sodann ist der Argwohn zwischen den Staaten so mächtig und auch so berechtigt, dass die Errichtung einer mit Vollmacht ausgestatteten Supervision unter Wahrung der Grundsätze von Solidarität und Subsidiarität bisher nicht erreicht wurde.

Diese und viele andere Probleme sind bekannt, und Lösungen können erarbeitet werden; aber den Lösungen stellen sich regelmäßig ideologische Barrieren entgegen, störende Verhaltensmuster, die mit der zwischenmenschlichen Dynamik mehr zu tun haben als mit den Problemen. Der gefährliche Charakter der Probleme wird durchaus gespürt, aber die entsprechende Priorität wird ihnen kaum je eingeräumt.

Gefährliche Verhaltensmuster und die prinzipielle Kraft des Dialogischen

Aus der Verhaltenskunde hatten wir aber abgeleitet, dass das Dialogische (wo es sich realisiert) als erblich verankerte Verhaltensweise eine hohe Resistenz gegen soziale Zwänge hat. Störende Verhaltensmuster, welche aus der Kultur heraus kaum kontrollierbar sind, können prinzipiell durch das Dialogische in Schach gehalten werden. Und so kommt es zu jener alten menschlichen Erfahrung, dass die Liebe, und oft nur sie, selbst tief wurzelnde Widerstände zu überwinden vermag.

Wenn bei der Begrenzung der innerartlichen Aggression in der menschlichen Kultur die kulturelle Ritualisierung und die »nicht unter die Haut gehenden« Appelle des einsichtigen Denkens versagen, wie z.B. die negativen Folgen der Globalisierung zeigen, dann ist nur dem emotional hoch überlegenen Dialogischen die notwendige Stärke zuzutrauen. Eine durchgreifende Lösung des Problems der innerartlichen Aggression erscheint nur durch die Stärkung des dialogischen Verhaltens möglich. Unter diesem Blickwinkel verliert das dialogische Verhalten, das von den »Machern« so gern mit Spott bedacht wird, seinen Beigeschmack von Schwäche und Realitätsferne.

Notwendige Grundlage hierfür ist allerdings die allgemeine Einübung und Wertschätzung des dialogischen Verhaltens, aus dem
die Motivation zu gewinnen wäre. Verlangt ist also das bereits
erwähnte Zusammenwirken des kulturellen Sektors, der Dialogischen Kraft und des Vermögens zur Kommunikation. Zur Zeit
sieht es aber mehr danach aus, dass wir die Zeichen der Zeit ver-
drängen, die aus der Evolution erwachsenen Chancen verpassen
und die Auslöschung unserer Art vorbereiten.

Zur pädagogischen Voraussetzung des Dialogischen

In die gewünschte Richtung führt kein Weg der Gewalt, da hilft
auch kein Marsch durch die Institutionen. Man weiß eigentlich
schon lange, dass es nur den mühsamen direkten Weg zu den Herzen der Menschen gibt. Aber dafür genügt es nicht, das Wissen
und Wollen zu bringen, da muss die alte Einstellung des Trick-
sens ersetzt werden durch Umfassung, Bindung, Erfahrung der
Gegenseite, kurz: durch das Dialogische Prinzip – das während
der Evolution zum Menschen schon bereitgestellt worden ist und
noch immer auf seine große Zeit wartet.

Ein Beispiel, das inzwischen schon historisch ist, finden wir in
den Bemühungen zur Entwicklung während der 1970er Jahre.
In den Schulen und Universitäten der reichen Länder ausgebildet, schienen zahlreiche junge Leute gut genug vorbereitet,
die westliche Zivilisation mit ihren offensichtlichen Vorzügen
in die industriell unterentwickelten Länder zu tragen. Und an
Enthusiasmus und Solidarität hat es ihnen nicht gefehlt. Dennoch hatten diese Entwicklungsprojekte nur selten Erfolg. Denn
statt die dort betroffenen Menschen hinreichend ernst zu nehmen, war man mit Rezepten aus der eigenen Region unterwegs.
Dann fing das große Umdenken an. Wo es ehrlich durchgeführt wurde, bekam Entwicklungshilfe einen anderen Inhalt:
Nun begann man damit, von den Betroffenen zu lernen, die
Eigenarten der Zielregion zu studieren, die dort schon vorhandenen Problemlösungen zu erfahren sowie zu erfragen, welche
Hilfe notwendig wäre. Gute Projekte werden seither als Hilfe

zur Selbsthilfe konzipiert und im Dialog und gegenseitigem Respekt ausgearbeitet, wobei oft die höchste Hürde darin besteht, die neuartigen Projekte zwischen den alten Machtstrukturen zu etablieren. Wenn man den Kern dieses unumgänglichen Umdenkens benennen will, so handelt es sich zweifellos auch hier um die Aktivierung des Dialogischen Prinzips.

Wir gelangen also wieder zu den Problemen der Erziehung, die wir schon mehrfach als besonders kritisch gekennzeichnet hatten. Und wenn es darum geht, irgendwo, z.B. in einem Slum, aus Chaos und Unterdrückung heraus eine Gesellschaft neu zu begründen, dann stellt sich insbesondere die Aufgabe der Erwachsenenbildung.

Angesichts der vielfältigen Probleme der Unterversorgung muss hier die Erwachsenenbildung bei der Benennung der Probleme ansetzen. Sie muss Sprache, Rechnen und das Wissen um den natürlichen und kulturellen Hintergrund als Werkzeuge für die Problemlösung lehren und dies sofort mit praktischen Maßnahmen verbinden. Auch hier ist der wesentliche Ansatz, dass die Betroffenen auf die Weise des Dialogischen Prinzips als Partner, als »Du«, ernst genommen werden und das ganze Vorgehen von der Erfassung der Gegenseite her geschieht. Beispielhaftes für diese rettende Pädagogik hat PAULO FREIRE geleistet (FREIRE 1974).

Gestützt auf eine gute Vorbereitung, macht das dialogische Verhalten den Menschen fähig für die Lösung seiner internen Probleme und seiner Existenzprobleme innerhalb der Gesamt-Natur. Es macht ihn aber außerdem auch offen genug, von den sprachlosen Mitbewohnern der Erde her zu denken; und die Bewahrung der Schöpfung kann nicht gelingen, ohne auch deren Rechte zu wahren.

6 Und wie könnte die Evolution weitergehen?

Die zusammen mit dem kulturellen und dialogischen Verhalten erworbene Verantwortlichkeit verlangt uns einige Voraussicht ab. Dafür wünschen wir uns Mindest-Informationen über die Zukunft, über unsere und unserer Nachkommen Zukunft, und dürfen fragen, wie weit diese sich bereits zu erkennen gibt. Da es immer und in allen Kulturen Menschen gegeben hat, die sich dieser Frage gestellt haben, lebt die Menschheit tatsächlich bezüglich der Gefahren und Chancen und sogar ihres Handlungsbedarfs nicht völlig im Dunkel.

Zwar lässt sich das wirklich Neue, lassen sich die emergenten Eigenschaften grundsätzlich nicht erkennen, ehe sie auftreten. Da ist jede Mühe vergebens. Anders verhält es sich bei dem Neuen, das schon da ist, aber noch nicht auffällt. Das Neue in der Evolution bildet sich im Schoße des Alten, ihm wird keine neue Welt bereitet, vielmehr setzt es auf dem Gegebenen auf. Daher ist es bei unvoreingenommener Aufmerksamkeit manchmal schon sehr zeitig möglich, zu bemerken, wohin die Entwicklung geht, und entsprechende Vorkehrungen zu treffen. Nach allem Gesagten stimmen wir denen zu, welche in der Stärkung eines »menschlichen« Verhaltens, was ja auf die Ausbreitung des Dialogischen Prinzips hinausläuft, eine notwendige Voraussetzung für eine den Menschen günstige Entwicklung sehen.

Abschließend sollen zwei Richtungen der Spekulation genannt werden, die über unser Erdenleben hinaus zielen.

Die eine Richtung schließt aus der Evolution und ihrem Verlauf, dass sich die Welt auf ihren Schöpfer hin öffnet. Entgegen allen Vermutungen aus der Zeit DARWINs deutet sie also Evolution im Sinne einer Schöpfungs-Theologie. Das führt zu einer kosmischen Sinngebung der Evolution, wie sie eben von der transzendenten

Möglichkeit des Dialogischen her nahe liegt. Die Ausarbeitung einer solchen Theorie wurde zu Beginn des 20. Jahrhunderts von TEILHARD DE JARDIN begonnen.

Trotz des weit ausgreifenden Dialogischen bleibt der Mensch ein endliches Wesen, dessen Körper unausweichlich dem Tod entgegen geht. Nur so, und nur als Teil der zusammen gehörigen Lebewelt, kann sein Leben diese hohe, wenn auch zeitlich begrenzte Qualität erreichen. Für unsere Weile stehen uns die phantastischen Möglichkeiten unserer irdischen Existenz zur Verfügung, sofern sie uns nicht streitig gemacht werden. Wir bemühen uns zu recht, diese Spanne zu schützen. Ein Preis dafür ist, dass wir einmal für die nächste Generation Platz machen müssen. Sollte es jedoch möglich werden, dieses unwillkürliche Altern und Sterben zu überwinden, würde dies einen grausamen Kampf um die immer knapperen Ressourcen bedeuten.

Nur durch den Tod hindurch, aber nicht ohne ihn, ist persönliche Dauer denkbar. Wohl hat die Evolution mit der Fähigkeit zum Dialog eine Transzendenz auf den Schöpfer hin möglich gemacht, so dass sogar die Ausweitung der Existenz möglich erscheint, am ehesten als ein Geschenk »von jenseits«. Ein solcher Glaube hat aber keine naturwissenschaftliche Evidenz.

Die andere Richtung führt über die Erde hinaus zu einer extraterrestrischen Biologie, worüber sich z.B. HOIMAR V. DITFURTH (1975) geäußert hat. Auf dem einen oder anderen Planeten ist Leben nicht undenkbar. Es könnte zwar ganz anders sein als das hiesige, aber man erwartet, dass das Lernen an der Welt selber zu einer Konvergenz des – chemisch oder in einem Vorstellungsraum repräsentierten – Wissens geführt haben sollte, und dass bei Erreichen der geistigen Stufe in jedem Fall die gleichen Informationsstrukturen erfunden werden. Eine Kommunikation ist von daher nicht ausgeschlossen. Innerhalb des Sonnensystems ist eine so weit fortgeschrittene Entwicklung aber nicht wahrscheinlich. Für den Abstand fernerer Lebewelten wird man eine Größenordnung von tausenden Lichtjahren annehmen müssen, und da die Lichtgeschwindigkeit nicht zu übertreffen ist, liegt auch jeder Informationsaustausch in dieser Größenordnung. Körperliche Einwirkungen gutartiger oder bösartiger Form sind noch erheblich langsamer, da die Energie, die einen schweren Körper auf Lichtgeschwindigkeit bringen könnte, unendlich groß sein müsste. Wohl sind Einwirkungen durch gewichtslosen Informationstransfer mit Lichtgeschwindigkeit denkbar; aber selbst dann wären vorher Erkundungen nötig, sodass die Zeit jedenfalls ein Mehrfaches an Jahren entsprechend dem in Lichtjahren gemessenen Abstand betragen muss. Und außerdem ist dafür ein geistiger Entwicklungsvorsprung genauso nötig, wie ein Motiv für irgendeine derartige Aktion. Angesichts unserer riesigen irdischen Probleme brauchen wir uns also nicht auch noch den Kopf über extraterrestrische Nachbarn zu zerbrechen. Wenn wir etwas fürchten müssen, dann eine Verunreinigung mit primitiven außerirdischen Lebenskeimen, die zufällig zu uns gelangen und deren Auftauchen katastrophale Folgen haben könnte (als warnendes irdisches Beispiel können die Infektionen mit Keimen aus fremden Regionen während der Kolonisation von Amerika durch Europäer dienen). Hier sind Forschung und Überwachung wichtig.

Viele denken in die andere Richtung und interessieren sich für das Hinausgreifen des irdischen Lebens ins All. Dass Mikroben der Erde bis weit in den Weltraum hinaus anzutreffen sind, ist zur großen Verwunderung der Biologen in der ersten Phase der Sondierung bekannt geworden. Groß dürfte ihre Chance nicht sein, zu einem geeigneten Lebensraum zu gelangen – am ehesten noch als Verunreinigung von Weltraumsonden. Für den Kontakt mit außerirdischen Zivilisationen gelten die Einschränkungen, die für den anderen Weg dargestellt wurden. Ob Besiedlungsversuche unbewohnter Planeten und unseres Mondes auch einen anderen Sinn als den machtpolitischen und den der wissenschaftlichen Neugier haben, scheint mir zweifelhaft. VON DITHFURT schließt aus den großen Anstrengungen in dieser Richtung und aus dem dahinter stehenden Willen auf einen entsprechenden Evolutionszwang. Es verwundert aber bei einem so strengen Denker, dass ihm dabei die vielen bisherigen Sackgassen der Evolution nicht warnend vor Augen gekommen sind. Die Evolution würde nur solche konkreten Missionen begünstigen, die den Kräftehaushalt der Menschheit positiv beeinflussen. So lange es dafür keine Anhaltspunkte gibt, sind die erheblichen nötigen Ressourcen anders sinnvoller, und das heißt hier vor allem ökonomischer, einzusetzen. Die ökologischen Probleme des Menschen müssen bis auf Weiteres hier auf Erden gelöst werden, denn das dialogisch geprägte Gewissen kann nicht einer mehr als unsicheren Hoffnung wegen von der großen Not absehen, der wir hier begegnen. Schon gar nicht kann es erlauben, dass die lebenswichtigen Ressourcen dafür aufgebraucht werden.

Wie es mit unserer Art weitergeht, darüber werden viele innere und äußere Faktoren entscheiden. Besonders wichtig werden aber die Annahme der eigenen Verantwortung und der Umgang mit unseren sozialpsychologischen Schwierigkeiten sein.

7 Zusammenfassung

Diesen Text habe ich in der Überzeugung geschrieben, dass die Welt einen inneren Zusammenhang besitzt, dass sie sich in Entwicklung befindet, und dass hinreichend sichere Erkenntnisse möglich sind, weil Leben sonst nicht stattfinden könnte. Die Menschwerdung wurde daher hier als ein Ereignis in der gesamten Evolution aufgefasst, und daher wurde viel vom evolutionären Weltbild mitgeteilt. Wenn wir Menschen Erben der gesamten Entwicklung und abhängig von der ganzen Welt sind, möchten wir erfahren, wie, und wie weit, unsere eigene Natur daraus hervorgeht. Natürlich stand auch immer der Wunsch im Hintergrund, das Dialogische Prinzip in diesen Zusammenhang zu stellen.

Die Naturgeschichte ist geprägt durch das Heraufkommen unvorhersehbarer, emergenter Eigenschaften. Diese bedingen eine Evolution immer komplexerer Gestalten, deren Zusammenspiel eine von Schicht zu Schicht reichere Welt erzeugt hat.

Schon im ganz frühen Kosmos sind, vor allem durch Zusammenfassung einfacherer Systeme zu komplizierteren und in einer Folge von Symmetriebrechungen, neue Strukturen entstanden, wobei die Information ständig gewachsen ist. Die Evolution hat sogar Systeme hervorgebracht, die Elemente aus mehreren Seinsschichten vereinen, was sich am Beispiel des Ökosystems Erde zeigen ließ. Dabei wurde die allseitige Abhängigkeit besonders anschaulich.

Bei den Lebewesen etablierte sich wegen der Trennung von Körper und Erbgut das Prinzip von Mutation und Auslese. Wichtige Systeme sind aber auch hier durch die Zusammenfassung einfacherer entstanden, z.B. die Eucarya-Zellen, die auch unsere eigenen Grundbausteine sind. Bei den Lebewesen verstärkte sich die Rückwirkung auf die Umwelt. Je höher der Organismus, desto weiter bezieht er seine Umgebung in sein Leben ein. Auch das Prinzip des Lernens überspannt den gesamten Stammbaum der Lebewesen. Das beginnt mit der Extraktion des Zuverlässigen aus den Erscheinungen durch die Auslese situationsgerechter erblicher Verhaltensmuster und geht über das Erlernen richtigen Reagierens durch Versuch und Irrtum beim Individuum bis zum sozialen Lernen. Seit der Entstehung des Inneren Repräsentationsraumes bei höher entwickelten Tieren sind diese in der Lage, darin Welt abzubilden, Handlungen vorzubereiten und sich sogar schon fiktive Welten zu erschaffen. Leistungen auf dieser Grundlage prägen auch bei den Menschen die verschiedenen Kulturen bis hin zur modernen Technik.

An das (vorläufige) Ende dieser Reihe von Evolutions-Prinzipien habe ich das Dialogische Prinzip gestellt. Es war in einem ganz anderen Kontext formuliert worden und musste erst zur Evolution in Beziehung gebracht werden, was auf der Grundlage von Texten MARTIN BUBERs versucht wurde. Seine evolutionäre Bedeutung darf als sicher gelten.

Es hat sich gezeigt, dass das Dialogische dem Kulturellen nicht untergeordnet werden darf. Es handelt sich vielmehr um zwei parallele Fähigkeiten des Inneren Repräsentationsraumes, die einander ergänzen müssen. Die so weitgehende Befreiung des menschlichen Verhaltens von ererbten Ritualen hätte wohl der Auslese nicht abgerungen werden können, wenn nicht parallel dazu die dialogischen Fähigkeiten gewachsen wären. Wir sind der Frage nachgegangen, welche Schwierigkeiten und Möglichkeiten diese Zusammenarbeit hat. Dann wurde die zwingende Notwendigkeit einer gleichberechtigten Beteiligung des dialogischen Verhaltens aufgewiesen, besonders auch für die Lösung der Probleme, die gegenwärtig unsere Existenz bedrohen. Der ganze Mensch, klug aber dialogisch, ist die bisherige Frucht der Evolution.

Die Frage nach den Triebkräften hinter der Evolution kann aus der Naturgeschichte heraus nicht beantwortet werden; wohl haben wir an zwei Stellen der Evolution zur Kenntnis genommen, dass die Emergenz wichtiger Strukturen nicht auf erkennbaren internen Voraussetzungen aufbaut. Erstens ist das im Tierreich die Entstehung des Inneren Vorstellungsraumes und damit der Übergang zur beseelten Stufe, zweitens das Geschenk des Dialogischen Prinzips bei der Menschwerdung. Mindestens der Anfang der Welt und diese beiden Übergänge bleiben uns verborgen, und ich selber zweifle nicht an ihrer göttlichen Herkunft.

8 Literatur

Aster, E. v. (1963): Geschichte der Philosophie. 14. Aufl., durchgesehen und ergänzt von F. J. Brecht, Stuttgart, Kröner, 504 S.

Blumenberg, H. (1957): Einleitung. – In: Nikolaus von Cues: Die Kunst der Vermutung. Auswahl aus den Schriften. Bremen, Schünemann, 7-69.

Bork, H.-R. et al. (1998): Landschaftsentwicklung in Mitteleuropa. Wirkungen des Menschen auf Landschaften. Gotha, Stuttgart, Klett-Perthes, 328 S.

Bresinsky, A. & Kadereit, J.W. (2002): Systematik-Poster Botanik, 2. Aufl. – In: Sitte et al. (2002): Lehrbuch der Botanik für Hochschulen, 35. Aufl., Heidelberg, Berlin, Spektrum Akad. Verl.

Buber, M. (1964): Reden über Erziehung. 8. Aufl., Heidelberg, Lambert Schneider, 73 S.

Buber, M. (2002): Das dialogische Prinzip: Ich und Du; Zwiesprache; Die Frage an den Einzelnen; Elemente des Zwischenmenschlichen. 9. Aufl. Gütersloh, Lambert Schneider/Gütersloher Verlagshaus, 324 S.

Casper, B. (2002): Das dialogische Denken. Franz Rosenzweig, Ferdinand Ebner und Martin Buber. Freiburg (Breisgau), München, Alber, 375 S.

Constable, G. & Redaktion Time-Life Bücher (1973): Die Frühzeit des Menschen. Die Neandertaler. Niederlande, Time-Life Books, 159 S.

Dahlke, Ch. & Bork, H.-R. (2004): Der »Große Sprung nach Vorne« – Chinas verschwiegene Gesellschafts- und Umweltkrise. – In: Petermanns Geogr. Mitt. (Gotha) 148, 54-63.

Darwin, Ch. (1963): Die Entstehung der Arten durch natürliche Zuchtwahl. Stuttgart, Reclam, Ausgabe 1984, 693 S. Englisches Original 1859.

Ditfurth, H. v. (1975): Im Anfang war der Wasserstoff. München/ Zürich, Droemer Knaur, 376 S. (ursprünglich 1972, Hamburg, Hoffmann & Campe).

Drayna, D. (2006): Genspuren der Menschheitsgeschichte. – Spektrum der Wissenschaft, Januar 2006, 30-39.

Eigen, M., Gardiner, W., Schuster, P. & Winkler-Oswatitsch, R. (1984): Ursprung der genetischen Information. – In: Evolution. Heidelberg, Spektrum der Wissenschaft, 61-80.

Freeland, S.J. & Hurst, L.D. (2006): Der raffinierte Code des Lebens. – Spektrum der Wissenschaft, Dossier 1/06: Das Genom, 18-25.

Freire, P. (1974): Erziehung als Praxis der Freiheit. Stuttgart, Berlin, Kreuz-Verlag, 170 S.

Gibbs, W.W. (2004): Preziosen im DNA-Schrott. – Spektrum der Wissenschaft, Februar 2004, 68-75.

Hawking, St. (2002): Die illustrierte Kurze Geschichte der Zeit. Reinbek, Rowohlt Taschenbuch Verl., 248 S.

Hogan, C.J. (2002): Auf der Suche nach dem Quanten-Ursprung der Zeit. – Spektrum der Wissenschaft, Dezember 2002, 28-36.

Kasting, J.F. (2004): Als Mikroben das Klima steuerten. – Spektrum der Wissenschaft, September 2004, 62-68.

Küng, H. (2005): Der Anfang aller Dinge. Naturwissenschaft und Religion. 2. Aufl., München, Piper, 247 S.

Lederman, L.M. & D.N. Schramm (1990): Vom Quark zum Kosmos, Teilchenphysik als Schlüssel zum Universum. – Spektrum-Bibliothek Bd. 26, 237 S., Heidelberg, Spektrum der Wissenschaft Verl. Ges.

Liebrucks, B. (1958) in Kölner Philosophie – Vorlesungen.

Lorenz, K. (1963): Das sogenannte Böse. Zur Naturgeschichte der Aggression. – Verwendete Ausgabe: München, Deutscher Taschenbuch-Verlag, 7. Aufl. 1980, 262 S.

Lorenz, K. (1979, zuerst 1973): Die Rückseite des Spiegels. Versuch einer Naturgeschichte menschlichen Erkennens. München, Deutscher Taschenbuch Verlag, 318 S.

Lorenz, K. (1982): Die acht Todsünden der zivilisierten Menschheit. München, Piper, 112 S.

Lorenz, K. & Heinroth, O. (1988): Wozu aber hat das Vieh diesen Schnabel? Briefe aus der frühen Verhaltensforschung 1930-1940. Herausgeg. v. Otto König. München, Piper, 334 S.

Lukas, E. (1998): Lehrbuch der Logotherapie. Menschenbild und Methoden. München, Wien, Profil Verlag, 237 S.

Mann, V. (1949): Wir waren fünf. Bildnis der Familie Mann. Frankfurt a.M., 6. Aufl. 1998, Fischer Taschenbuch-Verlag, 515 S.

Markowitsch, H.J. (1992): Neuropsychologie des Gedächtnisses. Göttingen, Toronto, Zürich, Hogrefe Verlag für Psychologie, 460 S.

Markowitsch, H.J. (2004): Gedächtnis und Gedächtnisstörungen. Neuropsychologie des menschlichen Gedächtnisses. – Vortrag

21.03. Südwestdeutsches Fernsehen (Teleakademie, SWF Baden-Württemberg)

Mattick, J.S. (2006): Das verkannte Genom-Programm. – Spektrum der Wissenschaft, Dossier 1/06: Das Genom, 26-33.

Mayer-Kuckuk, T. (1989): Der gebrochene Spiegel. Symmetrie, Symmetriebrechung und Ordnung in der Natur. Basel, Boston, Berlin: Birkhäuser, 264 S.

Montessori, M. (1991): Kinder sind anders. 6. Aufl. 1991, München, DTV, 221 S.

Pesic, P. (2003): Die Identität der Quanten. – Spektrum der Wissenschaft, Januar 2003, 56-62.

Pieper, J. (1949): Traktat über die Klugheit. 7. Aufl. München, Kösel, 96 S.

Portmann, A. (1948): Die Tiergestalt. Basel 1948.

Portmann, A. (1956): Zoologie und das neue Bild des Menschen. Hamburg, Rowohlts deutsche Enzyklopädie, 145 S.

Portmann, A. (1964): Das Tier als soziales Wesen. Freiburg, Basel, Wien, Herder, 179 S.

Rauchfuß, H. (2005): Chemische Evolution und der Ursprung des Lebens. Berlin, Heidelberg, Springer, 399 S.

Rebstock, Hans-Otto (1994): Philosophische Vergewisserung. Wider postmodernen Skeptizismus und Marxismus-Nostalgie. Hamburg, Kovač, 98 S.

Reichholf, J.H. (1991): Das Rätsel der Menschwerdung. Die Entstehung des Menschen im Wechselspiel mit der Natur. 3. Aufl. Stuttgart, DVA, 280 S.

Remane, A. (1952): Die Grundlagen des natürlichen Systems, der vergleichenden Anatomie und der Phylogenetik. 2. Aufl. 1956, Leipzig, Akad. Verlagsges. Geest & Portig. 164 S.

Remane, A., Storch, V. & Welsch, U. (1976): Evolution. Tatsachen und Probleme der Abstammungslehre. 3. Aufl. München, DTV, 255 S.

Riedl, R. (1980): Biologie der Erkenntnis. Die stammesgeschichtlichen Grundlagen der Vernunft. 2. Aufl., Berlin, Hamburg: Paray, 230 S.

Ruddiman, W.F. (2006): Verhinderte der Mensch eine Eiszeit? – Spektrum der Wissenschaft, Februar 2006, 44-51.

Ruffieux, B. (2004): Märkte im Labor. – Spektrum der Wissenschaft, Mai 2004, 60-68.

Scherer, G. (2003): Philosophie. Eine Einführung. 2. Aufl. Berlin, Parerga, 256 S.

Schmitz, R. & Thyssen, J. (2000): Der Neandertaler – die Geschichte geht weiter. Heidelberg/Berlin, Spektrum Akad. Verl., 327 S.

Schopf, J.W. (1984): Die Evolution der ersten Zellen. – In: Evolution. Heidelberg, Spektrum der Wissenschaft, 83-99.

Schulz von Thun, F. (1998): Miteinander Reden. 1. Störungen und Klärungen, 2. Stile, Werte und Persönlichkeitsentwicklung. Psychologie der Kommunikation. Reinbek, Rowohlt Taschenbuch Verl., 255 S.

Schweitzer, F. (1997): Selbstorganisation und Information. – In Krapp & Wägenbaur (Hrsg.): Komplexität und Selbstorganisation – »Chaos« in Natur- und Kulturwissenschaften. München, Wilhelm Fink, 9-129.

Schweitzer, H.-J. (2003): Die Landnahme der Pflanzen. – Decheniana (Bonn) 156, 177-215.

Stephan, S. (1983): Der Boden in der Entwicklung der Ökosysteme. – Verhandlungen Ges. Ökologie (Mainz 1981) Band X, 229-236.

Stephan, S. (1986): Der Boden zwischen langsamer Bildung und schneller Vernichtung. – In: Umweltarbeit im Deutschen Heimatbund. Ausgewählte Tagungsergebnisse 1984-1986 der Fachgruppe Umweltfragen im DHB. Schriftenreihe des Deutschen Heimatbundes (Bonn) Band 6, 8-18.

Stephan, S. (2000): Die Substrate unserer Böden. – In: www.boden.uni-bonn.de

Sykes, B. (2003): Die sieben Töchter Evas. Verlag Bastei Lübbe, 335 S.

Wikipedia (2005): Hypothetischer Realismus. – In der Internet-Enzyklopädie Wikipedia unter http://de.wikipedia.org/wiki/Hypothetischer_Realismus

Wolschin, G. (2003): Nachrichten von den ersten Sternen. – Spektrum d. Wiss. (Heidelberg) September 2003, 10-12.

9 Anhang: Glossar

Einige der verwendeten Begriffe werden in unterschiedlichem Sinne gebraucht. Es muss daher mitgeteilt werden, wie sie in der vorliegenden Schrift gemeint sind, und dazu dient dieses Glossar. Es gibt auch Gelegenheit, begriffliche Probleme auszuleuchten, soll aber kein vollständiges Wörterbuch werden, deren es schon so viele gibt. Für die philosophischen Fragen, die bisweilen im Hintergrund lauern, sei auf die Einführung GEORG SCHERERs (2003) verwiesen, die unsere heutigen Probleme berücksichtigt.

Anthropisches Prinzip

Mit Beginn der Neuzeit fand sich der Mensch gleichsam zum zweiten Male aus dem Paradies vertrieben. Seine oft ungeliebte, aber immerhin vertraute und irgendwie angemessene irdische Heimat wurde vom Zentrum des Kosmos zu einem vergleichsweise winzigen Himmelskörper in der unendlich erscheinenden Weite des Alls. Aber es stellte sich im Laufe der astrophysikalischen Detailforschungen dann heraus, dass auf diesem »im All verlorenen Staubkörnchen« gerade jene in sehr hohem Maße unwahrscheinlichen Bedingungen verwirklicht sind, unter denen allein Lebewesen (jedenfalls wie wir sie kennen) und der Mensch existieren können. Mehr noch: Notwendige Bedingungen mussten schon bei der Entstehung der Atome erfüllt worden sein. Nachdem sich der reflektierende Mensch so allein und völlig auf sich zurückgeworfen sah, kamen diese Befunde wie ein unerwartetes Geschenk, das den Namen »Anthropisches Prinzip« bekommen hat. Es stellt die notwendige Verknüpfung unserer Existenz mit den Bedingungen unserer kosmischen Umgebung fest. STEPHEN HAWKING (2002) bevorzugt eine »schwache Formulierung«, welche die enorme räumliche und zeitliche Größe des Universums als Grundlage dafür annimmt, dass die richtigen Bedingungen irgendwo, und definitiv auch auf der Erde, verwirklicht sein sollten. »Starke Formulierungen« nehmen an, dass eine Entwicklung bis hin zur Entstehung eines Beobachters, der gewissermaßen die Schöpfung sich selbst zum Bewusstsein bringt, von vornherein als Ziel eingebaut sei.

Creationismus

Dem Wortsinn nach der Glaube, dass die Welt eine Schöpfung ist und von ihrem Schöpfer kündet. Wird im Gegensatz zu allen Forschungsergebnissen von gewissen christlichen Gruppen auch heute noch in dem Sinne eingeengt, dass der Schöpfungsprozess dem Wortlaut des biblischen Schöpfungsberichtes entspricht (eine Spielart des Fundamentalismus).

> Dabei wird übersehen, dass dieser Bericht besagt, Gott habe Himmel und Erde geschaffen, den weiteren Gestalten einschließlich der Lebewesen befohlen, dass sie werden sollen (was als eine Aufforderung zum Werden aus dem Geschaffenen heraus verstanden werden darf), und dann allerdings den Menschen aus Erdreich geformt und mit göttlichem Anhauch belebt.

Da die heutigen Kenntnisse von der Welt, die inzwischen zu unserer Lebensgrundlage geworden sind, ganz offensichtlich nicht mit dieser eingeengten Form des Creationismus kompatibel sind, wurde in den USA die Schöpfung der Welt auf einen Intelligenten Entwurf (»Intelligent Design«) zurückgeführt und der Creationismus auf diese Weise der Evolutionstheorie entgegengestellt. Beweise wurden nicht vorgebracht, so dass eine Falsifizierung nicht möglich ist und damit diese Annahme eines Intelligenten Entwurfs keine wissenschaftliche Beachtung verdient. Sie entstammt übrigens der technischen Vorstellungswelt und entspricht nicht den von der Bibel tradierten Gottesbildern – am besten noch der gnostischen Vorstellung eines Demiurgen.

> SO WEIT die Lebewesen vom darwinistischen Modus geprägt sind, war ihre Entstehung vorwiegend dem Spiel des Zufalls zu verdanken. Das Ergebnis könnte daher besser sein, wenn es

planmäßig, mit Verstand, erzeugt worden wäre und nicht mit wesentlicher Beteiligung der Versuche und Irrtümer eines ratiomorphen Apparates. Das schließt eine direkte Konstruktion durch einen intelligenten Schöpfer IN SO WEIT aus.

Wie unter anderem auch die vorliegende Schrift zeigt, verträgt sich dagegen eine gut fundierte Evolutionstheorie (nicht mit bloßem Darwinismus zu verwechseln) auch mit dem christlichen Schöpfungsglauben, erkennt dann aber in der Schöpfungsgeschichte des Buches Genesis einen Mythos und keinen Bericht.

Darwinismus

DARWIN hat die biologische Evolution darauf zurückführen können, dass im Erbgut Mutationen auftreten, von denen einige die Lebenstüchtigkeit herabsetzen und im Lebenskampf ausgemerzt werden, während andere ein besseres Bestehen im Lebenskampf möglich machen und sich daher ausbreiten. Diese Evolutionstheorie heißt Darwinismus und wird auch verkürzt als Selektionsprinzip bezeichnet. Sie ist nicht falsch, aber unvollständig: Später wurden nämlich weitere sehr bedeutende Entwicklungsprozesse gefunden, insbesondere die Vereinigung verschiedenartiger Lebensformen zu komplexeren Organismen. Keinesfalls kann der Darwinismus die heutige Lebewelt vollständig erklären. Er ist wohl mehr für die Anpassung als für die Neu-Konstruktion zuständig. Immerhin gibt es aber sehr komplexe Organe, insbesondere die Augen, die man sich leicht rein darwinistisch entstanden denken kann, und die Entfaltung des großen Reiches der Blütenpflanzen kann darwinistisch erklärt werden. Eine notwendige Voraussetzung für jeden darwinistischen Entwicklungsschritt ist die Existenz eines geeigneten Ausgangsmaterials, das in Richtung dieses Entwicklungsschrittes mutieren kann. Die ausschließlich darwinistische Evolution der Lebewesen setzt außerdem stillschweigend voraus, dass die Gene ihren Arten treu bleiben. Dies ist nicht immer der Fall, vielmehr können sich, da der genetische Code mit kleinen Variationen universal gilt, Gene über Artgrenzen und sogar über die Grenzen der großen Organismen-Reiche hinweg vagabundierend ausbreiten.

Der darwinistische Modus der Evolution und Anpassung ist bei der Trennung der Organismen in Körper und Erbträger entstanden und zu einem integrierenden Bestandteil des Lebens geworden. Nun entspringen die Erbänderungen dem blinden Zufall und können erst durch die Ausprägung in körperliche Merkmale der Umwelt begegnen. Allerdings weisen die Gene je eigene Mutationsraten auf, die bei besonders wichtigen Genen äußerst gering sein können und wahrscheinlich eine bereits geschehene Auslese reflektieren, und so sind die Mutationen doch nicht einfach als zufällig zu werten. Die Mutationsraten werden z.B. durch bestimmte Gifte und durch ionisierende Strahlen erhöht.

Geeignete Ausgangsstufen konnten bei grundlegenden Bauplänen von Organismen oft nicht festgestellt werden. Die Evolution ist sicher, aber die Kausalität dieser »Makroevolution« ist noch nicht enträtselt. Sie verläuft nicht ausschließlich darwinistisch. Und das ist auch verständlich; denn das großartige Spiel der Sexualität mit Generationswechsel, Verdoppelung, Rekombination und Reduktion der Erbträger kann nur dann hinreichend viele lebenstüchtige Organismen erzeugen, wenn sich die Änderungen im engen Rahmen eines Typus halten. Die darwinistische Evolutionsart ist daher notwendig für die Anpassung, wäre aber ungeeignet für die grundlegende Konstruktion.

Hier erscheint das Zusammenfügen unterschiedlicher Lebewesen (Stichwort Endocytobiose) als eine wichtigere Entwicklungs-Strategie, da sie mit einem Schritt die Komplexität und auch die Lebenstüchtigkeit um eine große Stufe anhebt, wie das allein auf der Grundlage von Mutationen undenkbar ist. Entsprechend sehen wir im Wurzelbereich des Stammbaumes aller Lebewesen keinen rein verzweigenden Aufbau, sondern ein Netz, in dem sich Zweige nach einer getrennten Entwicklung wieder vereinigt haben.

Determinismus (Prädetermination, Vorherbestimmung)

Determinismus ist die Annahme, dass alles, was geschieht, vorher bestimmt ist, und dies sogar bis in die Einzelheiten.

1. wird in den Religionen teilweise eine Vorherbestimmung durch göttliche Vorsehung angenommen. Diese ist nicht mit naturwissenschaftlichen Mitteln prüfbar und daher nicht Gegenstand der Naturwissenschaft.
2. bedeutet Prädetermination innerhalb der Natur die vollständige Bestimmung der Ergebnisse jeden Geschehens durch den zuvor gegebenen Zustand. Für alle Vorgänge werden dann nur Wirkursachen zugelassen, und deren Auswirkungen müssen eindeutig festgelegt sein. Dieser Vorstellung steht die Unschärfe-Relation nicht entgegen, da sie nur das Beobachten tangiert. Wohl aber ist sie für alle Prozesse fraglich, deren Ergebnisse von minimalen Schwankungen der Bestimmungsparameter abhängen (deterministisches Chaos) oder ohne Energiedifferenz unterschiedlich ausfallen (z.B. beim Phasenwechsel).

Wo das Experiment durch die strenge Auswahl der Bestimmungsgrößen eindeutige Ergebnisse liefert, werden diese in oft unüberschaubarer Weise modifiziert, wenn der betreffende Vorgang unter den Einflüssen der ungefilterten natürlichen Umwelt stattfindet. Für die Prädetermination ist also die gesamte Umwelt mit heranzuziehen, was den Begriff unnütz macht.

Bezüglich der kosmischen Evolution scheitert die vollständige Determination an der Nicht-Existenz eines Anfangszustandes; denn dieser würde Gleichzeitigkeit voraussetzen, die es unter den relativistischen Bedingungen des Kosmos nicht gibt.

Da die Evolution bewiesenermaßen emergente Eigenschaften mit einem Zuwachs an Information erzeugt, ist eine natürliche Prädetermination im strengen Sinne nicht vorstellbar.

Dialogisches Prinzip (Dialogisches Denken und Verhalten)

Dialogisch ist »*ein Verhältnis zweier Personen, das in geringerem oder höherem Maß von dem Element der Umfassung bestimmt ist*« (BUBER 1964). Dabei ist Umfassung »*die volle Gegenwärtigung ... des ›Partners‹, nicht mit der Phantasie, sondern mit der Aktualität des Wesens*«, wobei mindestens die eine von zwei Personen »*einen gemeinsamen Vorgang, ohne irgendetwas von der gefühlten Realität ihres eigenen Tätigseins einzubüßen, zugleich von der anderen aus erlebt.*« Echter

Dialog ist nach BUBER der geredete oder auch geschwiegene, »*wo jeder der Teilnehmer den oder die anderen in ihrem Dasein und Sosein wirklich meint und sich ihnen in der Intention zuwendet, dass lebendige Gegenseitigkeit sich zwischen ihm und ihnen stifte*«.

Das Dialogische Verhalten ist nicht auf Zweier-Beziehungen beschränkt, es hat im Gegenteil wichtige Aufgaben im Zusammenleben der Menschen überhaupt und ist auch gegenüber den Mitgeschöpfen anzuwenden.

Einzelheiten werden im Text diskutiert, über die Begründung des Dialogischen Denkens durch ROSENZWEIG, EBNER & BUBER schreibt BERNHARD CASPER (2002).

Dissipative Systeme

Dissipation, Zersplitterung, geschieht bei Energie-Umwandlungen, indem dabei ein Teil der Energie als nicht nutzbare Wärme abgesplittert wird und sich statistisch verteilt. Dadurch nimmt die Gesamtentropie zu (Zweiter Hauptsatz der Thermodynamik). Dissipative Systeme sind offen und durch nicht-umkehrbare Energie-Umwandlung gekennzeichnet. Sie nutzen ein bestehendes Energie-Gefälle aus, um komplexe Strukturen aufzubauen und entziehen sich dabei zeitweise der Minimierung des Energie-Gehaltes. So schaffen sie in ihrem Bereich Ordnung durch Auslagerung von Unordnung (messbar als Entropie). Lebewesen sind dissipative Systeme, deren Bestand durch Erbträger und besondere Membranen geschützt wird.

Emergente Eigenschaften, Emergenz

In SAMUEL ALEXANDERs (um 1920) Neurealismus spielt die Aufeinanderfolge neu auftauchender Qualitäten eine Rolle, die er als »emergent« bezeichnet. Der Zoologe und Philosoph LLOYD MORGAN berücksichtigt diese »Emergenten«, die er von ableitbaren Eigenschaften oder »Resultanten« unterscheidet, 1923 als Grundlage einer Theorie der biologischen Entwicklung. »*Die Emergenten sind etwas neu entstehendes, sie geben also der Entwicklung den Charakter einer ›schöpferischen‹ Entwicklung*« (V. ASTER 1963, 385).

Endocytobiose

Bei allen höher entwickelten Organismen, den sogenannten Eucarya, sind die Organellen der Zellatmung (Mitochondrien), bei den meisten Pflanzen auch die zur Photosynthese fähigen (Chloroplasten), aus ehemals selbständigen und freien Zellen durch Einverleiben oder Einwanderung hervorgegangen und geben das unter anderem durch eigenes Erbgut zu erkennen. Diese und entsprechende Phänomene werden als Endocytobiose bezeichnet. Verwandt ist die Aufnahme fremder Erbträger, z.B. von Viren, in die Chromosomen.

Erkenntnistheorie, evolutionäre

Die Erkenntnis, dass man Denkgesetze und Seinsgesetze nicht auseinander halten kann, hatte gleichsam den Menschen auf sich selber zurückgeworfen. KONRAD LORENZ und die mit ihm verbundenen Verhaltensforscher stellten aber fest, dass das Leben unter dem Zwang der Selbsterhaltung aus den Regelmäßigkeiten der Umwelt Verhaltens-Antworten gewinnt und so gleichsam Wissen aus der Natur extrahiert. Dies geschieht zunächst rein genetisch, und die Ausstattung, die das erlaubt, heißt ratiomorpher (der Vernunft ähnlicher) Apparat. Nach der Emergenz des Inneren Repräsentationsraumes (s. dieses Stichwort) wird echtes Welt-Wissen extrahiert, dann individuell gelernt und schließlich zur Quelle des sozialen Lernens.

Auf allen Stufen geht die Aneignung von Erkenntnissen von Hypothesen aus und wird durch Versuch und Irrtum verbessert, ohne notwendig perfekt zu werden. Insofern sind nicht nur die Menschen, sondern im weiteren Sinne schon alle Lebewesen ursprünglich »Hypothetische Realisten« (Einzelheiten z.B. bei RIEDL 1980).

Die Evolutionäre Erkenntnistheorie geht von einer solchen Evolution der Erkenntnismöglichkeiten aus. Wichtig und unumgänglich ist dabei die Dynamik des Erkenntnis-Erwerbs, die wohl erst seit der Renaissance (NICOLAUS CUSANUS) gesehen wird.

Dem Hypothetischen Realismus (als Erkenntnislehre) haftet zwar eine gewisse Naivität an. Er ist aber wohl begründet, und seine nüchterne Betrachtungsweise ist der Natur angemessener als jedes Pathos. Frucht dieser »Naivität« ist eine gewisse liebevolle Unbekümmertheit, ja Heiterkeit, wie man sie noch immer bei manchen Biologen finden kann.

Bei dieser Gelegenheit kann man »ontologisch« nach der Existenz unserer Forschungsgegenstände fragen, die von einigen Philosophen als »Dinge an sich« betrachtet werden, von anderen jedoch als unstete Erscheinungen, die erst im Denken, als Begriffe, zur eigentlichen Existenz kommen. Unser konkretes Herangehen gestattet da eine Differenzierung: Wir sehen nämlich, wie die Evolution schon mit dem Einschluss der Quarks in Nukleonen und dann Atomkernen etwas hervorbringt, was man als Ding an sich werten muss, und wie sich ein entsprechender Vorgang bei der zellulären Einkapselung organischer Strukturen in Biomembranen, also in den Zellen, wiederholt. Aber die Aufteilung der gesamten Materie/Energie, der gesamten Welt also, in Quanten legt sogar die Vermutung nahe, dass wir es generell mit echten Gegenständen zu tun haben, an deren Realität, an deren Sein zu zweifeln nicht sehr hilfreich ist. Was da gespürt wird, lässt sich vielleicht – innerhalb der Realität – so beschreiben: Im Laufe der Evolution und ablesbar an ihren wichtigsten Emergenzen stellt sich ein zunehmender Reichtum an Struktur und Verhalten ein, den man als zunehmende Seinstiefe beschreiben kann.

Evolution

Der Begriff »Evolution« beschreibt die gesamte Naturgeschichte vom Werden des Kosmos und der Atome (Astrophysik) über die Bildung chemischer Verbindungen (Chemie), die nur ansatzweise bekannte Bildung der besonderen, für die Lebensvorgänge unerlässlichen chemischen Verbindungen (»chemische Evolution«, besser präbiotische Chemie) und erster lebender Zellen, die großartige Entfaltung der Lebewesen bis zum Menschen. Den Einzelheiten sind große Teile dieser Schrift gewidmet. Die Beschränkung des Begriffs auf die Entfaltung der Lebewesen ist unangemessen und schon veraltet, seit man etwas von der materiellen Grundlage von Sternen und Weltall kennt. Unbegründet ist die Praxis, die Evolution als mit dem Darwinismus abgeschlossen zu betrachten.

Evolution der Lebewesen

Dass und wie sich die Lebewesen auf der Erde von einfachen Zellen bis zu komplizierten, vielzelligen Organismen entwickelt haben und aus dem Zweig der Wirbeltiere der Mensch hervorgegangen ist, wurde hier einmal mehr gezeigt. Die Belege füllen ganze Bibliotheken. Es gibt wichtige Neuerungen in dieser Entwicklung, für die bisher eine immanente Grundlage nicht bekannt ist, insbesondere die Emergenz des Inneren Vorstellungsraumes und des Dialogischen Verhaltens. Im Rahmen der aus den Gegebenheiten der Lebewelt erklärbaren Entwicklung ist der Darwinismus eine nachgewiesene und für die biologische Evolution notwendige, aber nicht hinreichende Form der biologischen Evolution. Mindestens ebenso wichtig sind die Entwicklung durch Vereinigung von Lebewesen oder der Austausch von Erbträgern. Die Weitergabe von Erbträgern auch zwischen äußerst weitläufig verwandten Lebewesen ist besonders bei den Mikroben sehr verbreitet (Beispiel: Weitergabe von Antibiotika-Resistenz-Genen zwischen Bakterien), doch mindestens durch Vermittlung von Viren auch zwischen Vielzellern und bis zum Menschen nicht unüblich.

Die verwandtschaftlichen Zusammenhänge zwischen den Lebewesen sind inzwischen weitgehend bekannt (Stammbaum der Lebewesen), auch in ihrem geschichtlichen Ablauf detailliert beschreibbar und mit der (dynamischen) Geographie deutlich verbunden. Diese Geschichte lässt sich inzwischen sogar auf der Ebene der Erbträger verfolgen und ist frei von größeren Widersprüchen, die noch Zweifel an der Tatsache der Evolution begründen könnten.

Zur Evolution gehört nicht nur die Erzeugung neuer Formen, sondern genauso das Verschwinden (die Extinktion) einzelner Arten bis ganzer Klassen von Lebewesen. Der Stammbaum hat zahlreiche längst abgeschlossene Äste.

Freiheit

Zunächst müssen wir beachten, dass jede Handlungsfreiheit durch äußere Zwänge mehr oder weniger begrenzt wird. Daher beschränken wir diese Betrachtung auf das Denken und Wollen ohne Rücksicht auf die Aktionen selbst.

Es gibt weder Anlass noch Notwendigkeit, den Menschen in seinem gesamten Denken und Wollen als frei anzunehmen. Es kann nur um die Freiheit der reflektierten Denk- und Willensakte gehen. Die Frage ist dann, ob das Denken und Wollen vollständig von inneren und äußeren Gegebenheiten festgelegt ist, oder ob Raum bleibt für freie Entscheidungen im Rahmen von Reflektionen. Die Philosophie geht von der Fähigkeit des Menschen zum vernünftigen Denken aus und lässt uns erwarten, dass sich Vernunft und Freiheit gegenseitig umfassen: »*Ein Wesen, welches Vernunft besitzt, aber dieser Vernunft nicht frei folgen könnte, wäre genauso absurd wie ein solches, das seine freien Entscheidungen nicht mehr vor dem Forum der Vernunft zu rechtfertigen bereit ist*« (SCHERER 2003, 95). Die generelle Vorherbestimmung haben wir unter dem Stichwort »Determinismus« beleuchtet. In welchem Maße unsere Entscheidungen aus der Gesamtheit unserer Anlagen und unseres bisherigen Lebens heraus festgelegt sind, kann man angesichts der Fülle möglicher Einflüsse nicht feststellen. Wir können aber ohne größere Bedenken die Gesamtheit unserer Vorprägung mit den verbleibenden Freiheiten zusammen unserem Ich zuordnen und uns jedenfalls in diesem Rahmen prinzipiell frei fühlen. Mit hoher Wahrscheinlichkeit ist aber darin der Anteil nicht vollständig vorbestimmter Entscheidungen erheblich genug, um uns auch in diesem eigentlichen Sinn Freiheit zu gewähren. Sicher ist das individuell unterschiedlich und hängt neben entsprechenden Anlagen und Prägungen (»Über-Ich«) auch vom Willen zur Freiheit, einer hinreichenden Einübung und sicher auch Anstrengung ab. Trägheit, Eigennutz, Selbst-Bornierung stören bei der Ausprägung.

Diese Freiheit ist eine emergente Errungenschaft der späten Evolution und selbst bei hoch entwickelten Tieren nur ansatzweise vorhanden. Die Evolution geht wohl dahin, dass der Darwinismus, in dem sich die Entwicklung des blinden Zufalls bedienen muss, zunehmend durch planmäßiges Handeln abgelöst wird.

186

Genetischer Code

Der genetische Code ist die Zuordnung von in den Genen abgelegten »Worten« zu bestimmten Anweisungen, die beim »Ablesen« ausgeführt werden. Gene befinden sich in den Chromosomen, aber auch in den Mitochondrien und den pflanzlichen Plastiden.

Die bekannten Worte des genetischen Codes sind auf der Nukleinsäure DNA aufgereihte Triplets aus den »Buchstaben« Adenin (A), Cytosin (C), Guanin (G) und Thymin (T), die 64 Dreierkombinationen erlauben. Diese Worte stehen für bestimmte Aminosäuren (Eiweiß-Bausteine – zu vielen gehören mehrere Worte) und Befehle, besonders solche für Beginn und Ende einer Aminosäuren-Folge.

Der genetische Code gilt fast universell bei allen Lebewesen und bezeugt ihre Verwandtschaft. Gewisse Unterschiede haben sich jedoch im Laufe der biologischen Evolution herausgebildet. Über die evolutionäre Optimierung des genetischen Codes berichten FREELAND & HURST (2006).

Für die Entdeckung des genetischen Codes und der Doppelspiral-Struktur der DNA stehen Namen wie LINUS PAULING, ERWIN CHARGAFF, MAURICE H.F. WILKINS, ROSALIND FRANKLIN, FRANCIS H. CRICK und JAMES D. WATSON. Daraus ist dann eine ganze Spezialwissenschaft geworden, die ihre vorläufige Krönung mit der Entschlüsselung des menschlichen Genoms gefunden hat. Dabei hat sich gezeigt, dass nur ein geringer Teil der DNA für die Codierung von Aminosäuren verwendet wird. Weitere Entdeckungen sind zu erwarten, ja, haben schon begonnen.

Der Vorstellung, dass die DNA nur für Proteine codiert oder das Ablesen steuert, stand schon lange die große Menge eingeschalteter »Introns« entgegen, die eben nicht für Proteine codieren, aber kaum nur wertlos gewordenes Informationsmaterial sein konnten, sozusagen die Altpapiertonne des Zellkerns. Sie spielen erst bei den Eukarya eine Rolle, dann aber zunehmend entsprechend der wachsenden Komplexität der Lebewesen. Viele wurden schließlich als Gene für funktionstüchtige RNA ausgewiesen, von denen einige sogar die Gen-Expression steuern. Man kann sie wahrscheinlich mit dem exponentiell mit der Komplexität des Organismus wachsenden Bedarf an Regulatoren in Verbindung bringen (deren

Fehlen die Komplexität der Archäa begrenzt). Es wird auch vermutet, dass es sich um eingewanderte und dann mutierte DNA handelt. Die Untersuchung steht noch am Anfang (MATTICK 2006, GIBBS 2004).

Hemmung

Dieser Begriff ist in der Physiologie und Verhaltenskunde zum Verständnis der Lebensvorgänge notwendig. Sowohl körperliche, als auch psychische Prozesse können nicht einfach ablaufen, ohne ein Chaos anzurichten. Vielmehr gibt es verschiedene Hemmungen, die jeweils aufgehoben werden müssen, wenn einer der zahlreichen vorbereiteten Prozesse tatsächlich ablaufen soll. Entsprechend steht bei der Evolution von Lebewesen auch die Frage im Raum, ob die Änderung des Bauplans auf einer Änderung der Konstruktion beruht, oder ob eine Änderung bei den Hemmungen zu einem anderen Muster führt.

Entsprechende Hemmungsmechanismen muss es auch im Bereich menschlicher Aktionen geben, damit Impulse aus dem inneren Repräsentationsraum nicht unkontrolliert realisiert werden. Die hohe Schwelle zwischen Phantasie und Wirklichkeit ist für das Überleben unverzichtbar. Zusätzlich zu diesen ererbten, erlernten und durch Einsicht erzeugten persönlichen Hemmungen sind auch für die Umsetzung von Impulsen aus dem gemeinsamen Kommunikationsraum der Kultur bzw. Zivilisation heraus Hemmungen wichtig, insbesondere als kulturelle Rituale.

Hypothetischer Realismus

Eine Philosophie, welche die von unserem menschlichen Bewusstsein unabhängige Existenz der Welt voraussetzt. Gewisse Regelmäßigkeiten und Gesetzmäßigkeiten dieser realen Welt können durch den Menschen teilweise oder ganz erkannt werden. Er erlangt zwar kein absolut sicheres, letztbegründetes Wissen über die reale Welt, gelangt aber zu Mutmaßungen (Hypothesen), die oft optimiert werden können. Vertreter sind z. B. KONRAD LORENZ und KARL R. POPPER. (Nach Wikipedia 2005).

Ideologie

Ideologien gehören zu den kulturellen Ritualen. Sie dienen der Identität und Abgrenzung von Sozietäten und Kulturen. Sie gründen aber in gleichsam eingefrorenen Urteilen, die von den Individuen als sanktionierte Vorurteile behandelt werden. Daher ist es für den heutigen unmittelbaren Kontakt zwischen verschiedenen Sozietäten notwendig, wirksame Methoden zur Hinterfragung, Fortentwicklung und Wirkungs-Begrenzung der Ideologien zu etablieren. Hier hat die A u f k l ä r u n g eine notwendige Aufgabe.

Information

SCHWEITZER (1997) zeigt auf, dass die in den Strukturen festgelegte Information allein bedeutungsblind ist und so nicht extrahiert und weitergegeben werden kann. Dafür muss sie in eine p r a g m a t i s c h e I n f o r m a t i o n übersetzt werden. Als Mittler zwischen beiden dient die funktionale Information, welche die strukturelle Information deutet. Der genannte Autor beschreibt mit Experimenten auf der Ebene der Informatik eine selbsttätige Generierung und Optimierung von Information, wie er sie in der Biologie vermutet.

Ein Beispiel für die (kontext-abhängige) Extraktion der pragmatischen aus der strukturellen durch die funktionelle Information in der Natur ist die Umsetzung des genetischen Codes in Körperstrukturen, z.B. in bestimmte Proteine, durch die Einrichtungen der Zelle. Durch die Evolution musste zunächst die gebundene strukturelle Information ritualisiert werden und so zu einer freien strukturellen Information mit der Möglichkeit zum Symboltransfer werden, damit dann auch die zugehörige funktionelle Information ausgetauscht, kopiert und verarbeitet werden konnte, was aber erst auf der Ebene der pragmatischen Information »Sinn macht«. Für die Ritualisierung der strukturellen und die Bereitstellung einer passenden funktionellen Information macht man eine Koevolution auf der Grundlage von Mutation und Auslese verantwortlich.

In der Physik wird über Information, ihre Erhaltung und Weitergabe heftig diskutiert. Dabei handelt es sich aber zunächst um die strukturelle Information, die mit der Entropie verbunden und so physikalisch zu deuten ist. Im Bereich der Lebewesen und des Menschen, als extrahierbare Information, als Grundlage des Erkennens, ist aber nur die pragmatische Information wesentlich, die nicht durch die Entropie beschrieben werden kann. Außerdem tragen zur Entropie auch die zahlreichen Informations-Spuren bei, deren ursprünglicher Zusammenhang unkenntlich oder verloren gegangen ist, und deren Information deswegen nicht mehr zugeordnet werden kann – gerade so, wie es einen Computer-Nutzer verzweifeln lässt, wenn er auf der Festplatte Datei-Fragmente ohne Adressierung vorfindet. Allerdings ist es manchmal erstaunlich, welche Informationsspuren sich doch noch verwerten lassen. So werden immer wieder alte Schriften entziffert, die zwecks nochmaliger Benutzung des teuren Schreibmaterials radiert oder abgewaschen wurden. Ob dies auch für Informationen denkbar ist, die von einem Schwarzen Loch verschlungen worden sind?

Innerer Repräsentationsraum

Der Innere Vorstellungsraum wurde im Text besprochen und wird hier nur zur Erleichterung der Übersicht angeführt. Unsere Vorstellungen, die durch Prozesse in den Neuronennetzen des Gehirns realisiert werden, erleben wir in einem virtuellen Raum mit zeitlichen und räumlichen Dimensionen, der hier als Innerer Vorstellungsraum (auch als zentraler Repräsentations- oder Vorstellungsraum) bezeichnet wird. Diese virtuelle Bühne ist uns als Realität gegeben, aber ihre Seinsweise ist völlig unbekannt. Wirklich von außen kommen nur Reize unterschiedlicher Qualität. Im Inneren Vorstellungsraum bildet sich nicht nur die äußere Welt ab, sondern er erweitert sich zu einer Bühne der Phantasie mit Nebenräumen.

Unser Innerer Repräsentationsraum ist eine der wunderbarsten emergenten Eigenschaften überhaupt. Er kommt schon aus dem Tierreich. Seine Evolution ist so rätselhaft wie sein Wesen. Er ist jedenfalls eine äußerst wirksame Bereicherung, da in ihm alle möglichen Situationen durchgespielt und geprüft werden können. So sind neue Formen der Erkenntnis und eine Vorplanung des Handelns möglich.

Der Innere Vorstellungsraum ist für die Ausbildung der Kultur und als Basis des Dialogischen notwendig.

Kausalität

»Nichts geschieht ohne hinreichenden Grund«, wussten die Alten. ARISTOTELES hatte in seiner »Metaphysik« mehrere Ursachen unterschieden für das, was geschieht. (REBSTOCK 1994, 37). In der heutigen Wissenschaft versteht man unter Kausalität nur noch die Wirkursachen und die Zweckursachen, wobei einzig die Wirkursachen einer Untersuchung mit naturwissenschaftlichen Methoden zugänglich sind. Die Mitwirkung von Zweckursachen, die an einen transzendenten Willen gebunden sind, an der Evolution ist umstritten. Von Menschen gesetzte Zwecke haben die jüngste Evolution bereits mitbestimmt.

Koevolution

Es ist normal, dass sich die Naturdinge unter enger gegenseitiger Beeinflussung entwickeln. Erst gemeinsam mit der Entstehung der Lebewesen hat sich in Folge der Trennung von Erbmaterial und übrigem Körper eine weitgehende Isolierung der Erbanlagen vom äußeren Geschehen ergeben, so dass die Entwicklung (als Mutationen) ohne gestaltende Mitwirkung der Außenwelt ansetzt und nur ihre Raten umweltabhängig sind. Der prägende Einfluss der Umweltbedingungen geschieht in diesem Fall nachträglich durch Auslese (Stichwort Darwinismus). Es haben sich aber besondere gegenseitige Abhängigkeiten bei der Entwicklung gewisser Arten ergeben. Als ein Beispiel sei die Abhängigkeit der Koala-Bären von ihren Futterpflanzen (Bambus) genannt, weitere Beispiele bietet auch diese Schrift. Solche engen Abhängigkeiten führen manchmal zur Ausbildung von speziellen Organen, Verhaltensweisen oder Stoffwechselprodukten, welche die Verknüpfung dieser Arten verbessern. Die gemeinsame Entwicklung von Arten mit sichtlich besonderer gegenseitiger Anpassung nennt man Koevolution. In einem erweiterten Sinn kann man die gesamte Natur als das Ergebnis einer Koevolution betrachten.

Konkurrenz, intraspezifische

Die Konkurrenz ist ein wichtiger Antrieb für die darwinistische Evolution. Innerhalb einer Art ist sie problematisch, wenn sie die Art nach außen schwach macht. Im Verhalten der höheren Tiere wird die Wirkung schädlichen Konkurrenzverhaltens durch ererbte Rituale begrenzt. Beim Menschen fehlen diese starren Rituale weitgehend, und flexiblere kulturelle Rituale müssen deren Aufgabe übernehmen. Diese für das Überleben notwendige Aufgabe ist noch keineswegs gelöst, worauf LORENZ wiederholt hingewiesen hat. Da sich die menschlichen Aktivitäten auf die gesamte irdische Lebewelt erstrecken, muss sogar unser g e s a m t e s Konkurrenzverhalten überprüft und wo nötig begrenzt werden.

In dieser Schrift wird die Ansicht vertreten, dass die Begrenzung der Konkurrenz nur unter Einbeziehung des dialogischen Verhaltens gelingen kann.

Kontext, evolutionärer

Da schon im jungen Kosmos gewisse Evolutionsschritte sensible Phasen zeigen und die Abhängigkeit der Evolution immer stärker von der Umgebung abhängig wurde, mit einem Maximum beim darwinistischen Evolutionsmodus der Lebewesen, sind die Randbedingungen von sehr großer Bedeutung. Es ist aber eigentlich nicht angemessen, von Randbedingungen zu reden, wenn letzten Endes Einwirkungen aus dem gesamten Kosmos zu beachten sind. Besser erscheint der Begriff »evolutionärer Kontext«. Als Randbedingungen sollten, außer in Modellrechnungen, nur die (gefilterten) Außenbedingungen bei Experimenten bezeichnet werden. Es sei darauf hingewiesen, dass bei hoch entwickelten Lebewesen, und besonders beim Menschen, auch eine Tendenz zur Abkoppelung vom evolutionären Kontext festzustellen ist.

Kultur, Zivilisation und dialogisches Verhalten

»»Kultur‹ (engl.: civilization), umfassend verstanden und Religion einschließend, ist die Gesamtheit der Kenntnisse und Verfahrensweisen, die eine bestimmte menschliche Gesellschaft kennzeichnen, seien sie nun technischer, wirtschaftlicher, sozialer oder religiöser Art« (KÜNG 2005, 185). Das entspricht dem allgemeinen Sprachgebrauch. Da aber die Unterordnung des dialogischen Verhaltens unter diesen Begriff der Kultur die Eigenständigkeit des Dialogischen aufhebt und eine angemessene Würdigung verhindert, müssen wir das Dialogische als eigenen Begriff parallel zur Kultur verwenden. Ich bedaure, eine solche Änderung des Sprachgebrauchs empfehlen zu müssen; aber die Unterscheidung des kulturellen vom dialogischen Verhalten ist eine notwendige Konsequenz der vorgelegten Befunde. In der Praxis ergeben sich übrigens kaum Schwierigkeiten, weil der Sitz im Leben unterschiedlich ist. Dem steht nicht entgegen, dass alles Dialogische ein häufiges Thema der Kultur ist. Es wird erörtert und dargestellt, und das ist gut für seine Vorbereitung und Verbreitung. Das Dialogische selber gibt es aber nur als Lebenspraxis.

Lebenstüchtigkeit (Nützlichkeit)

Seit zur Natur Lebewesen gehören, die als dissipative Systeme ein Energiegefälle vorfinden müssen, wegen ihres je speziellen chemischen Aufbaus auf bestimmte stoffliche Ressourcen angewiesen sind und durch ihr Verhalten zeigen, dass in ihnen der Antrieb zur Selbst- oder doch Arterhaltung steckt, gibt es einen Naturhaushalt, eine Ökologie. Es ist eine Sache, und zwar eine ganz selbstverständliche, dass sich die Lebewesen in diesen Naturhaushalt einpassen (Lebenstüchtigkeit), und eine ganz andere, dass sie diese Einpassung über ein Mutations- und Selektionsprinzip (Darwinismus) erreichen. Aber die Lebenstüchtigkeit entscheidet bei der darwinistischen Evolution in erster Linie über die Ausbreitung einer Erbänderung (Mutation) unter der Aufsicht der Auslese.

Auch der etwas weichere Begriff »Nützlichkeit« wird hier in erster Linie als Nutzen zum Überleben und erst dann zum Besser-

Leben verstanden. Sie bezieht sich erst auf die Population oder die Gruppe und dann auch auf das Individuum. Daher muss man die von der Evolution bestimmte Auffassung abgrenzen gegen den Utilitarismus. Unter diesem wird nämlich von JEREMY BENTHAM und JOHN STUART MILL sogar in deren Ethik nicht nur der Primat der Motivation aufgehoben und die »klug zweckmäßige Voraussicht« (ASTER 1963) der Gesamtwirkung hervorgehoben, sondern diese wird auf das damit erreichte Glück und die erreichte Lust bezogen – nicht auf die gesamte Existenzgrundlage, wie es die Evolutionstheorie verlangt.

Meta-Kommunikation, Meta-Analyse

Wenn die Kommunikation nicht gelingt, hat es keinen Zweck mehr, über etwas zu sprechen. Dann müssen wir über unsere Art und Weise der Kommunikation reden, unsere Kommunikation selber zum Gegenstand des Gesprächs machen. Das kann man als Meta-Kommunikation bezeichnen. Das Gelingen der Meta-Kommunikation erfordert eventuell ein gegenseitiges dialogisches Verhalten (Umfassung, s. Stichwort Dialogisches Prinzip).

Entsprechend untersucht die Meta-Analyse die Art und Weise des Analysierens, wenn dieses nicht recht gelingt. Sie kann uns in die Lage bringen, das Analysieren an die Situationen anzupassen und zu verbessern.

Naturgesetz

Innerhalb der Natur wird, wie bisher alle Untersuchungen zeigen, ein Satz fester Regeln für das Verhalten der Wirkursachen eingehalten, der als das Naturgesetz bezeichnet werden kann. Seine Erkundung dauert noch an. Da die verschiedenen Naturdinge erst während der kosmischen Evolution aufgetreten sind, haben sich auch ihre Verhaltensweisen entwickelt. Wahrscheinlich sind sie aber, im Gegensatz zu den Dingen selbst, mit dem Anfangszustand des Kosmos schon festgelegt, und insofern potentiell von Anfang an gültig.

Was die viel diskutierte Beziehung zum Transzendenten betrifft, so gibt es innerhalb des Beobachtungsgutes der Naturwissenschaften keine Nachweise dafür, dass das (der Natur immanente) Naturgesetz vom Transzendenten her verändert oder ausgeschaltet wurde. Das tangiert übrigens einen Schöpfungsglauben keineswegs. Dreierlei ist aber beim Nachdenken über diese Fragen zu beachten: Erstens beschreibt das Naturgesetz nicht die Naturdinge, sondern ihr Verhalten. Zweitens ist der Kosmos vielleicht kein geschlossenes System im Sinne der Thermodynamik. Und drittens ist eine interne Möglichkeit zum Kontakt mit dem Transzendenten erst mit dem dialogischen Denken gegeben, also nicht vor der Menschwerdung.

Randbedingungen

Randbedingungen sind die Parameter, die bei der Erforschung von Systemen (z.B. einzelnen kalkulierten »Zellen« der Atmosphäre in Wettermodellen) für die Umgebung der Zellen und in Experimenten für die konstant zu haltenden Gegebenheiten stehen. Die Ausprägung von emergenten Eigenschaften ist im Experiment, in dem die Umgebung exakt gleichmäßig gehalten wird, in gewissen Grenzen zufällig; aber in der Natur ist diese Ausprägung durch Gegebenheiten der Umgebung im Augenblick ihres Entstehens mitbestimmt. In sensiblen Phasen wirken die Gegebenheiten der Umgebung als »Randbedingungen«. Die Bezeichnung ist dann eigentlich nicht angemessen, »evolutionärer Kontext« wäre besser (s. dieses Stichwort).

Religion

Religion wird sowohl auf ›religio‹ (lat.) und damit auf ›religere‹ bezogen, was sich auf die gewissenhafte Erfüllung (vor allem kultischer) Pflichten bezieht, als auch von ›religare‹ (lat.) abgeleitet, was man mit »an Gott rückgebunden sein« übersetzen kann (Scherer 2003, 123). Bezogen auf die Evolutionstheorie beschreiben wir mit »religiös« die Annahme einer Rückbindung an einen Urgrund, während im Zusammenhang mit den menschlichen Gesellschaften und ihren Ritualen die Bedeutung der kultischen Pflichten überwiegt.

Ritual

Bei Tieren werden, besonders in der Gruppe, wichtige Entscheidungen des Zusammenlebens durch ererbte Handlungsfolgen vorbereitet, die (ebenfalls ererbterweise) von den anderen verstanden werden. Solche »Rituale« stehen z.B. für das Auskämpfen des Ranges zur Verfügung, wo sie das Kämpfen so weit entschärfen, dass es die Arterhaltung nicht bedroht.

Beim Menschen sind viele ererbte Rituale mindestens abgeschwächt und modifizierbar, so dass z.B. selbst in der engsten Gruppe eine Todesdrohung durch Demutsgebärden nicht zuverlässig abgewendet werden kann. Andererseits ermöglicht der große Gestaltungsspielraum die Einführung »kultureller Rituale«, die sich Gruppen, Religionen, Staaten und andere Vereinigungen schaffen, an denen sich die Mitglieder erkennen und mit denen sie sich von anderen Sozietäten abgrenzen. Kulturelle Rituale werden von der jeweiligen Sozietät meist streng überwacht, ihr Bruch bewirkt Bestrafung bis zu Ausschluss oder Tötung. Sie können aber aus der Kultur heraus geändert und beseitigt werden, sind also flexibel. Zu den kulturellen Ritualen gehören auch die Ideologien.

Sinn

»Der Mensch will sich nicht nur am Leben erhalten, sondern ein erfülltes Leben führen, welches wert ist, gelebt zu werden. Dieses Erfüllende bezeichnen wir als Sinn.« (GEORG SCHERER 2003, 211). Zum Sinnproblem *»gehört auch die Frage nach dem Sinn der Natur. Die Antwort auf sie bestimmt das Verhältnis des Menschen zur Natur maßgeblich.«* Außerdem muss, *»wenn nach Sinn gefragt wird, auch vom Sinn der Geschichte die Rede sein. Anderenfalls ist die Frage unvollständig gestellt. Zuletzt wird auch über die Existenz des einzelnen Menschen im Urteil über die Geschichte entschieden. Dabei gilt: Jeder wird nicht nur von ihr bestimmt, sondern bestimmt sie in verschiedenem Maß auch seinerseits«* (a.a.O. S. 218, 219).

196

Synthesen, präbiotische

In jedem evolutionären Weltbild hat die Entstehung des Lebens eine Entwicklung zur Voraussetzung, die gewisse, noch nicht sicher abgegrenzte chemische Verbindungen als Material für die ersten Lebensformen bereitstellt: mehr oder weniger komplexe Verbindungen, die mit den für Lebewesen typischen Stoffen verwandt sind. Als deren Vorstufen im Kosmos (z.B. in Meteoren und kosmischem Staub) nachgewiesen wurden, war das unerwartet, sensationell und eine Ermutigung für die Erforschung des kosmischen Entwicklungs-Zusammenhanges, in dem das Auftauchen der chemischen Vorstufen des Lebens eine große Rolle spielt. Die Forschungsfragen kreisen nun um die genauen Wege, also um die präbiotischen Synthesen. Zu ihrer Aufklärung wurde schon viel getan, aber eine fertige Theorie liegt noch nicht vor (RAUCHFUß 2005).

Transzendenz – Immanenz

Bei offenen Systemen kann man ein inneres – immanentes – Geschehen von einem hinausgreifenden oder hereingreifenden äußeren – transzendenten – Geschehen unterscheiden. In unserer Thematik spielt dies bei zwei Gelegenheiten eine Rolle:

1. der Erforschung der Natur als Ganzem, also des Kosmos, ist nur die Immanenz zugänglich. Die eventuellen raumzeitlichen Grenzen des Kosmos sind nicht bekannt, also auch nicht, ob dieses Gesamtsystem geschlossen oder offen ist. Die Naturforschung sagt uns nicht, auf welche Weise der Anfang gesetzt worden ist, und sie gibt uns keine Kenntnis von späteren Eingriffen in den Kosmos. Die Evolution spielt sich, so weit sich das untersuchen lässt, immanent ab. Über bemerkenswerte Lücken der immanenten Erklärungen, die man als Hinweise auf transzendente Einwirkungen ansehen kann und der Ehrlichkeit wegen nicht verschweigen darf, wurde im vorliegenden Text berichtet. Die Naturgeschichte hat mit dem Menschen eine Stufe erreicht, in der dessen dialogisches Vermögen prinzipiell auch die gedankliche und dialogische Transzendenz ermöglicht.

2. beim einzelnen Menschen fordert der geschichtlich begründete Charakter als soziales Wesen prinzipiell die Befähigung zur Transzendenz. Dabei bleibt aber der Personkern selber in seiner Immanenz gefangen, soweit er nicht durch die »Erfahrung der Gegenseite« (ein Grunderlebnis des Dialogischen) gleichsam aufgebrochen wird. Mit dem Dialogischen erreicht das Zusammenleben ein hohes Niveau. Das dialogische Verhalten kann den Menschen auch gegen andere Lebewesen öffnen, und auf seinem dialogischen Vermögen kann die unter 1. erwähnte kosmische Transzendenz aufbauen.

Umwelt

Der Begriff der U m w e l t ist für uns in mehrfacher Hinsicht wichtig: 1. als der evolutionäre Kontext, 2. als die Gesamtheit der Lebensbedingungen der jeweiligen Population, insbesondere unserer eigenen und 3. wegen der Einfügung der Evolutions-Produkte.

Zu 1. s. Stichwort »evolutionärer Kontext«

Zu 2.: Die wachsende Veränderung unserer Umwelt durch unsere eigene Existenz und unser Tun wirkt auf uns zurück. Mindestens zur Vermeidung selbstzerstörender Aktionen, Verbesserung der Nachhaltigkeit unserer Versorgung und dadurch Sicherung unserer Existenz ist eine Abschätzung der Folgen unseres Tuns für die Umwelt, eine sogenannte Umweltfolgen-Abschätzung, notwendig. Diese Abschätzung gelingt erst in Ansätzen. Die Konsequenzen daraus zu ziehen ist ein Hauptfeld heutiger Politik.

Drei Beispiele für die Schwierigkeiten der Erforschung: Erst vor wenigen Jahrzehnten wurde bekannt (BORK et al. 1998), wie sich die Menschheit durch überhöhtes Bevölkerungswachstum, zu große Ausweitung der landwirtschaftlich genutzten Flächen und übertriebene Intensivierung der landwirtschaftlichen Produktion mehrmals in tiefe Krisen gestürzt hat. Noch später wurde als unerwartetes Positivum erkannt, dass die Konzentration der Treibhausgase CO_2 bereits vor 8000 Jahren und Methan vor 5000 Jahren in der Atmosphäre plötzlich zu steigen begannen und bisher den Beginn einer neuen Eiszeit verhindert haben. Als Grund wird die Neolithische Revolution mit Rodung und Ackerbau und dann die Erfindung des Nassreis-Anbaus angenommen (RUDDIMAN 2006). Drittens hat die Gesellschafts- und Umweltkrise in China 1959-1961, die durch MAO ZEDONGs »Acht Punkte-Plan zur Landwirtschaft« ausgelöst worden war und mindestens 30 Millionen (!) Menschen das Leben gekostet hatte, zu enormen irreversiblen Verlusten bei den Ackerböden geführt (DAHLKE & BORK 2004).

Zu 3.: Ich gestehe, dass es meinem Harmoniebedürfnis gut tun würde, wenn sich die Ergebnisse der Evolution immer in die bereits vorhandene Ordnung einfügen und zu deren Verbesserung beitragen würden. Es ist aber nicht so! Vielmehr machen neue Evolutionsprodukte eine Einpassung, gar ein »Zusammenraufen« nötig und bringen die Gefahr des Chaos. Dennoch hat sich bisher – als Frucht der Evolution – eine immer komplexere kosmische Ordnung eingestellt.

Unschärfe-Relation

Die von WERNER HEISENBERG gefundene, universell gültige Unschärfe-Gleichung

$$\triangle x \times \triangle p \approx h = 6{,}6 \times 10^{-34}\, \text{Js}$$

besagt, dass die Unschärfe der Ortsbestimmung mal die Unschärfe der Impulsbestimmung eines Teilchens ungefähr gleich dem PLANCKschen Wirkungsquantum h ist. Daraus folgt, dass auch das Produkt aus der Unsicherheitsspanne der Ortsmessung mal der Unsicherheitsspanne der Geschwindigkeitsmessung nicht verschwindet.

Urknall

Die Physik geht davon aus, dass sich von einem gegebenen Zustand des Universums her im Rahmen der Unschärfe-Relation auf frühere oder spätere Zustände schließen lässt, wobei einschränkend zu berücksichtigen ist, dass es aus Gründen der Relativität keine Gleichzeitigkeit gibt. Aus astronomischen Beobachtungen ergibt sich bei Anwendung von HUBBLEs Interpretation der Rotverschiebung unter Anwendung der Gesetzmäßigkeiten der Physik, dass das Universum in Expansion begriffen ist. Die Berechnungen führen zurück bis zu einem Anfangspunkt mit verschwindender Größe des Universums, von dem aus sich die anfängliche Ausdehnung mit unvorstellbarer Heftigkeit vollzogen haben muss. Dieses Geschehen wird als Urknall bezeichnet.

Ursache s. Kausalität

Weltbild

Ein Weltbild soll uns zeigen, wie die Welt ist, also DAS, WAS ES GIBT. Von Fall zu Fall ist auch etwas über das WARUM bekannt, und die entsprechenden Bildstrukturen werden uns dadurch vertrauter; aber notwendig ist dieses Wissen nicht, und oft auch nicht erreichbar. Für unsere Betrachtungen sind nur solche Weltbilder relevant, die mit der allgemeinen oder der wissenschaftlichen Erfahrung abgestimmt sind. Sie bestehen aus Bild-Elementen von verschiedenen Quellen (Erfahrung, Mythen, Religion, Forschung, Ideologien), die den Charakter von optimierbaren Hypothesen haben. Wir betrachten die Elemente unseres Weltbildes gern im Kontext ihrer Geschichte, denn dann verstehen wir sie besser.

Das mittelalterliche Weltbild war endlich, mit der Erde im Mittelpunkt, den Menschen zwischen Himmel und Erde, einem durch die Stellung im Kosmos geregelten Verhalten aller Dinge und des Menschen, mit einem Himmel über dieser Erde, der aus eigenem Stoff besteht und eigenen Gesetzen gehorcht, aber auf Erde und Mensch einwirkt.

Die verbesserten Beobachtungen der Neuzeit haben das widerlegt. Nun wurde die Erde an den Rand der Welt und in die Unendlichkeit des überall fast Gleichen geschoben und im ganzen All wurden die gleichen Stoffe unter denselben Gesetzen festgestellt. Dann zogen Geologie, Paläontologie und Biologie die Verbindung zwischen allem Lebendigen und bis zum Menschen durch – zu einem zusammenhängenden und anscheinend auf natürliche Weise nach einem einheitlichen Prinzip gestalteten Stammbaum. Die Berücksichtigung der Evolution war nun unvermeidlich für alle, die diese Entdeckungen akzeptierten. Da hatte der Mensch seine einzigartige und sein Verhalten bestimmende Stellung zwischen Himmel und Erde verloren. Die Neuzeit begann mit dem, was GEORG SCHERER (2003) als eine relativistische Krise benennt, also mit der Alternative: Neubestimmung fast aller Beziehungen oder Abgleiten in die Beliebigkeit. Was die Einen als Annahme der Führungsrolle im Kreise der Geschöpfe feierten, empfanden die Anderen als Hinauswurf aus der Mitte des Kosmos.

So weit hätte es allerdings nicht kommen müssen: HANS BLUMENBERG (1957) erinnert nämlich daran, dass NICOLAUS VON CUES, noch in mittelalterlichem Denken stehend und doch solche Veränderungen voraussehend, schon um 1440 über die Stellung der Menschen und die Denkmethoden weitreichende, wenn auch spekulative Erkenntnisse vorlegte. Das Ergebnis seiner »Kunst der Vermutung« (so auch der Titel eines seiner Hauptwerke) ist eine nicht beweisbare, aber weiterführende Spekulation. NICOLAUS VON CUES war sich der Konsequenzen der Umschichtungen im Weltbild bewusst, zu denen seine Vermutungen beitragen mussten, obwohl sie aus der Transzendenz des Göttlichen folgten und damit im mittelalterlichen Denken wurzelten. Seine Mitteilung über die prinzipielle Ungenauigkeit alles Endlichen und das unendliche Fortschreiten der Erkenntnis war ein Stoß gegen das geschlossene mittelalterliche Wissensgebäude, der das Weltbild zur Neuzeit hin öffnen musste. Das war für NICOLAUS selbst kein Problem, denn seine Welt wurde nicht eigentlich geozentrisch, sondern sie war und blieb anthropozentrisch.

Weltbild, evolutionäres

Unser eigenes Zeitalter ist bis in die Fundamente der meisten Kulturen hinein von den Naturwissenschaften geprägt, und die Annahme der Evolution des Kosmos und seiner Bewohner ist vom naturwissenschaftlichen Gemeingut in die Grundlagen der allgemeinen Bildung aufgerückt. Dies ergibt nun ein evolutionäres

Weltbild – wie auch immer es im Einzelnen gedacht wird. Dabei spielt der Darwinismus eine wichtige Rolle unter den Weisen der biologischen Entwicklung. Für die Evolution des Menschen aber ist die Emergenz des Dialogischen Prinzips zu beachten.

Wenn man dieses Weltbild mit einem Gemälde vergleicht, so zeigt es sich als inhaltlich recht gut zusammenhängend, weist Unschärfen auf, die manche Betrachter zu unterschiedlichen phantasievollen Ergänzungen anregen, aber seine Ränder laufen ins Leere. Wir wissen nichts Genaues über den Anfang des Kosmos und können auch nicht weit in die Zukunft blicken.

Für andersartige Weltbilder ist es nicht gelungen, einigermaßen hinreichende wissenschaftliche Argumente zu finden.

Zufall

Als zufällig werden hier alle Einflüsse auf die (jeweilige, partielle) Evolution bezeichnet, die weder in den Vorstufen noch im Evolutionsprozess fest vorgegeben sind, sondern indirekt gerade so sind. Der Zufall in diesem Sinne repräsentiert damit die Umwelt, eventuell bis zum gesamten Kosmos. Dass er nicht unbedingt das Gesamt der Welt repräsentiert, zeigt sich daran, dass die verschiedenen Einflüsse, z.B. die physikalischen Kräfte, sehr unterschiedliche Reichweiten haben, von minimalen bis zu prinzipiell unbegrenzten, und dass die meisten Einflüsse mit dem Abstand abnehmen.